MINDFULNESS

Atenção plena do corpo ao organismo: um guia prático para a aquietação interior

David Wilson

MINDFULNESS

Atenção plena do corpo ao organismo: um guia prático para a aquietação interior

70

MINDFULNESS
ATENÇÃO PLENA DO CORPO AO ORGANISMO:
UM GUIA PRÁTICO PARA A AQUIETAÇÃO INTERIOR

AUTOR: David Wilson

DIRETOR ALMEDINA BRASIL: Rodrigo Mentz
EDITOR DE CIÊNCIAS SOCIAIS E HUMANAS: Marco Pace
ASSISTENTES EDITORIAIS: Isabela Leite e Larissa Nogueira
REVISÃO: André P. de Souza

DIAGRAMAÇÃO: Almedina
DESIGN DE CAPA: Roberta Bassanetto

ISBN: 9786586618693
Novembro, 2021

Dados Internacionais de Catalogação na Publicação (CIP)
(Câmara Brasileira do Livro, SP, Brasil)

Wilson, David
Mindfulness: atenção plena do corpo ao organismo:
um guia prático para a aquietação interior
David Wilson. – 1. ed. – São Paulo:
Edições 70, 2021.

Bibliografia
ISBN 978-65-86618-69-3

1. Atenção plena 2. Autoconsciência 3. Corpo e mente
4. Meditação 5. Mindfulness 6. Mindfulness – Terapia cognitiva
I. Título.

21-79444 CDD-616.89142

Índices para catálogo sistemático:

1. Mindfulness : Atenção plena : Meditação : Medicina 616.89142

Maria Alice Ferreira – Bibliotecária – CRB-8/7964

Este livro segue as regras do novo Acordo Ortográfico da Língua Portuguesa (1990).

EDITORA: Almedina Brasil
Rua José Maria Lisboa, 860, Conj. 131 e 132, Jardim Paulista | 01423-001 São Paulo | Brasil
editora@almedina.com.br
www.almedina.com.br

Aos meus amados e próximos:

Esther – esposa, companheira, inspiração e suporte amoroso,

Daniel – filho, parceiro, companheiro, confortador.

Dois luzeiros em meu caminho.

APRESENTAÇÃO

A PROCURA DA PAZ INTERIOR

A mente mente.

Um príncipe hindu procura pelo fim dos sofrimentos humanos. Já experimentou os dois polos da sensibilidade. Criado em palácio real, tinha todos os desejos satisfeitos, mas mesmo assim caiu em profunda depressão. Abandonou tudo, inclusive esposa e filho, e se embrenhou na floresta. Tornou-se um monge mendicante com apenas um manto e uma tigela para pedir comida. Mergulhou até a porta da morte. Nada. Continuava depressivo, e não via razão para viver. Quase morreu de fome em um jejum intenso. Foi salvo pelo acaso.

Sidarta, este era o nome dele, resolveu levantar a cabeça e praticar a meditação *dhyana*. Era o caminho do meio. Todo sofrimento do cotidiano, quer físico quer psíquico, tem uma causa. Só uma meditação que esvaziasse a mente poderia identificar as causas dos sofrimentos e fazê-los desaparecer. O caminho do meio passa pela atenção plena, ou o *mindfulness*. Com base na sua experiência pessoal, descobre que é possível estancar o sofrimento. Basta estancar as causas. Estes passos são conhecidos como as 4 Nobres Verdades.

Após se livrar do sofrimento, encontra a paz. É um Buda. Em vez de monopolizar o conhecimento para si mesmo, movido pela compaixão, vive mais 40 anos ensinando o método de se livrar da dor. “Não acreditem em uma única palavra que eu digo, experimentem”, dizia o Buda em suas pregações pelo nordeste da Índia. Controlar a mente e manter sobre controle a principal causa do sofrimento: o apego.

Vivemos no mundo do apego e do consumo. Agarramo-nos no que conquistamos e ainda assim sofremos. Ainda queremos mais e temos que ficar atentos para que o que conquistamos não nos seja tomado.

Um duplo sofrimento: querer mais e não dormir de preocupação com a perda da fortuna. O exemplo do Buda foi vivido no século V a.C., uma era que o filósofo Karl Jaspers chamou de Era Axial, uma outra sociedade, com outros costumes e ansiedades. Porém já cultuava o poder, a fortuna e o sensualismo.

A sociedade contemporânea tem outros atributos. Mas os desejos são semelhantes. Como conviver com uma situação antagônica entre o possuir e o não possuir? O sofrimento está embutido nas duas. Então posso usar um terno Armani, possuir um carro Ferrari, um prendedor da gravata de diamante, um relógio Rolex e uma passagem no avião de turismo do Josef Bezos? Sim, diz o caminho do meio. Porém não pode se apegar a eles. A pena é um imenso sofrimento. Para compreender esse paradoxo, viver em paz, ter controle do ego é necessário praticar A meditação *dhyana*, ou atenção plena, ou mindfulness.

A sociedade ocidental pode não estar à procura de conquistas profundas do mindfulness. Mas deve saber que pode mesmo almejar com ela a Iluminação. É um estado de aperfeiçoamento da mente, no qual a ignorância, o ódio e o desejo são purificados por peio do reconhecimento da sabedoria primordial, a essência da realidade. Ao menos que estejamos aptos a treinar nossa mente e controlar as emoções que turvam nossa visão, não importa onde estamos e quanto tempo é dedicado a viver o mindfulness, o resultado não será bom. Em suma, o mindfulness é o ato de reconhecer nossa própria natureza interior.

Este livro do médico, professor e meu amigo, David Wilson, abre caminho para que essas práticas cheguem até as pessoas no seu cotidiano, na sua luta pela vida e pela busca da felicidade. Certamente depois da leitura deste livro nos tornamos melhores seres humanos.

HERÓDOTO BARBEIRO
é budista educado na escola Soto Zen.

SUMÁRIO

INTRODUÇÃO

"Ah Lua, (...)
gosto de ti assim: coisa em si – Satélite."

MANUEL BANDEIRA

CONCEITOS, DEFINIÇÕES, TÉCNICA

Mindfulness, ou Atenção Plena, é uma grande novidade nos recursos ocidentais para lidar com desafios de diversas naturezas que a vida civil e cotidiana nos impõe no dia a dia. Desenvolver nossa capacidade de resolvê-los é uma prática contínua para o ser humano esclarecido, e fazê-lo com ética é um desafio ainda maior que se apresenta a nós momento a momento.

Para chegar aos dias de hoje, as chamadas "práticas de mindfulness" percorreram um longo caminho, cujas raízes mergulham nas noites dos tempos, tendo sofrido uma grande difusão no mundo antigo, nas regiões do Oriente Médio, Leste e Sudeste da Ásia, com a particularidade de sempre se adaptarem ao contexto cultural dos novos caminhos que cursavam. Ao final do século XIX, chegaram ao Ocidente Europeu e Americano, o que com que fossem fincados no século XX novos marcos na relação do Ser Humano consigo mesmo.

Da liberdade criativa das tradições à institucionalização dessas práticas nas estruturas culturais atuais, seja na Saúde, seja na Vida Corporativa, Política ou Filosofia, a preservação do espírito inicial, da chama fundadora da intenção primordial se preserva e transmite por caminhos sutis, sensíveis à contemporaneidade, e que se reconstroem a cada momento*: são as veredas da inspiração fundadora, embebidas pela impermanência da História.*

Este livro pretende explorar algumas dessas veredas e, com isso, oferecer um alento que fomente as práticas, tanto para aqueles que se iniciam no mindfulness com esta leitura, quanto para aqueles que, já praticantes, desejam aprofundar e amplificar o alcance e profundidade de seu encontro consigo mesmo.

É possível aproximar-se do mindfulness por diversos caminhos e com diversas intenções. É possível procurar o mindfulness por um desejo de alívio do estresse, no caso de alguém que se perceba assoberbado e sobrecarregado[1]; é possível procurar o mindfulness pela perspectiva de uma carreira profissional dentro do tema; é possível procurá-lo, senão pelos motivos acima, pela própria curiosidade que a atual efervescência do tema geralmente suscita.

Uma dificuldade que imediatamente surge é um aparente descolamento do mindfulness de outros campos do saber, ou seja, não há qualquer rastro cultural que remeta ao mindfulness na cultura ocidental, derivada da Antiguidade Greco-Romana, que tem a atividade humana modelada pela rotina dos tribunais, salas de aula e debates filosóficos oriundos desta época. Com isso, resta ao praticante ou interessado a árdua tarefa de encontrar as referências fora da cultura ocidental (eurocêntrica) para embasar de maneira mais consistente sua prática e convicção. O problema de se buscar tais referências nas tradições orientais é que isso pode induzir ao risco de se incorrer numa "reificação" dos termos dessas tradições, e com isso, trazer prejuízo ao entendimento contemporâneo do *mindfulness aplicado à saúde* (o qual pode ser também chamado de *mindfulness aplicado à contemporaneidade* por extensão).

A referência às raízes do saber ocidental coloca-se, portanto, não como uma antítese às técnicas ou à sabedoria oriental, mas como um formidável paralelo às ideias e princípios que norteiam as práticas contemplativas, como desenvolvimentos alternos e sinérgicos. *Contextualizar é incorporar, e, nesse sentido, fortalecer.*

"Milagre Grego" é o nome usado para expressar o fato dos gregos da Antiguidade Clássica (os atenienses em especial) terem alavancado suas formas de pensamento e refinado suas práticas políticas em um intervalo de tempo de apenas dois ou três séculos, em que seus

---

[1] MARSIAJ, 2019.

pensamentos se elevaram e se sofisticaram como nunca, o que gerou consequências sem paralelo em seu tempo e em toda a posteridade. Não é exagerado dizer que, até os dias de hoje, a base de nosso entendimento do mundo, do social e do humano, distribuídos em um número enorme de campos do saber, deriva dessa efervescência remota, ainda mantendo-se firme e atual.

Ou seja, essa influência não se faz perceber apenas nas etimologias surpreendentes, ou num súbito rastreio de uma expressão ou ideia originária, mas uma influência que se estende especialmente no mundo prático, na Polis, na vida civil.

Quem sequer titubeia na sua convicção quanto à necessidade da Coisa Pública (lat: *Res pública*), ou quem gostaria de dar um passo atrás no que se conquistou em termos de Governo do Povo (greg: *Demo-Cracia)*?? São ambos termos cunhados na Antiguidade Greco-Romana, e posteriormente, com remissões e reavivamentos, vieram se difundindo pela Europa durante todo o transcurso de sua história.

Nesse sentido, recorrer à Antiguidade e *honrar a todos os que nos antecederam na tarefa de pensar* sobre a condição humana é mais do que manejar erudição e conhecimento acumulado. Livres da miragem da afetação, podemos fazer desse legado um instrumento dignificante de reflexão e de ampliação de horizontes, proporcionando-nos uma visão mais *panorâmica*, portanto.

Num momento em que a sabedoria oriental, com toda a sua variabilidade, polissemia e uso de antíteses, confluências e poesia, avança sobre o campo da Saúde e da Cura, ela também surge como uma alternativa aos becos-sem-saída da alopatia, da política e da educação, ao conferir sentido e valorização da *existência humana* nesses ambientes. Torna-se, portanto, essencial para a contextualização que essa sabedoria dialogue e faça contato com o legado ocidental, greco-romano e filosófico, que tece a trama de nosso pano-de-fundo cultural, e – por mais batida e frustrante que tenham sido alguns momentos da evolução histórica dessa herança – ela continua sendo um caminho promissor para quem realmente almeja ter uma prática consciente e de posse de toda a riqueza que as gerações anteriores amealharam e deixaram prontas para nosso uso.

Honrar isso nos coloca na "linha de sucessão" das gerações, e nos traz à mente a "Sabedoria das Nações". Recorta e recorda o fato de que aquilo que semeamos e cultivamos no mindfulness não é uma "invenção do oriente", algum enxerto cultural para um mundo desprovido de qualquer tipo de intuição, mas sim que o mindfulness envolvido nas práticas contemplativas tem muito mais o valor de nos instruir em estratégias para viabilizar fisicamente, para colocar em prática aquilo que muitas vezes reconhecemos claramente como bem-vindo e conveniente (aquietação, apaziguamento, restabelecimento), *mas não temos instrumental pragmático para sua execução em nosso mundo real.*

Se não for por esse diálogo, continuamente travado, esse encontro de tradições pode acabar sendo o cenário de uma certa subserviência cultural, com o estudo de expressões em Páli e Sânscrito, mandarim e japonês, ao mesmo tempo que ocorreria uma negligência das raízes culturais próprias em que nós mesmos fomos gerados e nos encontramos mergulhados, os quais, em seu próprio mérito, e em seu estilo, *também* são repletos dos elementos necessários à compreensão e testemunho daquilo que é experimentado como mindfulness.

E o preço dessa subserviência não seria simplesmente sacrificar qualquer ufanismo ocidental, qualquer chauvinismo eurocêntrico, pois já padecemos de um excesso disto. O preço seria, no outro extremo, "enlatar", estereotipar as experiências e o que devemos esperar delas dentro de um molde imaginário, de uma forma de bolo que nos cegaria ao presente momento em seu fulgor e singularidade momento a momento.

Isso seria uma grande pena, ao passo que manter viva a sabedoria que deriva da linhagem do Ser Humano, seja ele ocidental seja oriental, e assim navegar na pluralidade, é, em seu próprio mérito, um imenso privilégio que a atualidade nos outorga e, ao mesmo tempo, *o grande desafio de nosso tempo.*

MINDFULNESS

O termo mindfulness, trazido diretamente do inglês – em que já é um neologismo[2,3] – para o português, merece atenção pelo potencial de equívocos de entendimento, e neste livro, será mantido no inglês

[2] BHIKKHU BODHI, 2011.

[3] ROEMER E ORSILLO, 2009.

(e sem o itálico) e endereçado em um sentido específico, sem o qual seria muito difícil formar-se uma visão mais cristalina.

Originalmente, a palavra que expressava a ideia era *Sati*, em Pali, dialeto indiano já extinto. Em seu comentário sobre o *Sattipathana Sutra* (texto essencial da tradição contemplativa), Soma Thera comenta que o mindfulness pode adquirir diversos sentidos nas tradições, de acordo com as diversas propriedades da mente com as quais ele (mindfulness) trabalha[4].

No sentido de memória, vários termos em Pali ou Sânscrito podem expressar o mindfulness: *annusati* (trazer à mente), *patissati* (relembrar), *dharanata* (ter em mente), e *saranata* (recordar), e que o processo do mindfulness se compara ao trabalho do Tesoureiro de um Rei, que dia após dia atualiza e recenseia as possessões reais em detalhe[5].

A partir destes exemplos é possível entender a variedade de sentidos e significados – todos relevantes e igualmente preciosos – aos quais podemos recorrer para orientar e enriquecer nossa prática. Também vale ressaltar que o sentido geral de "lembrar-se" compreende que lembremos de maneira diferente do que vemos na memória cognitiva, tanto declarativa quanto operacional, ambas importantes em doenças neurodegenerativas, como a Doença de Alzheimer.

Memória, aqui, diz respeito ao sentido da atitude, aquilo que eu quero dizer quando digo a meu filho "lembre da idade do seu irmão" ou "lembre da idade do vovô" (*dharanata* = *tenha em mente*), ou ainda digo a alguém numa discussão "lembra-se do que foi combinado? (*patissati* = refrescando a memória, no sentido de *chamar à razão*)".

Apesar de ter uma origem completamente diferente do Páli, a língua portuguesa traz uma verdadeira pérola para a contextualização do termo, a qual seria uma pena que se perdesse. Quando alguém parece carecer agudamente de perspicácia e percepção num determinado contexto, usamos o termo "Fulano, se toca!" ou "Beltrana, se liga!". "Tocar-se" e "ligar-se" são também excelentes metáforas para a consciência plena, acrescendo-se o fato de que menciona o elemento físico, o toque físico. "Perceba o que você está causando a si mesmo e ao ambiente – caia na real, acorde!".

---

[4] The Way of mindfulness – The Satipatthana Sutta and its Commentary. Soma Thera. Disponível em <www.accesstoinsight.org/lib/authors/soma/wayof.html>

[5] Idem.

O termo *Dharma*, emprestado do sânscrito, traz um sentido de "legalidade", mas sem a conotação regimental, e sim, no sentido de "regra de funcionamento", como uma lei da física, ou simplesmente "o modo que as coisas são". Algo como uma equação ou uma fórmula que pretende ilustrar o funcionamento de uma estrutura: PV=nRT, a equação geral dos gases. Uma regra, um entendimento dos mecanismos: pressão e volume são inversamente proporcionais, pressão e temperatura diretamente proporcionais. É a "lei" no sentido do Dharma. Sem conotação jurídica, sem julgamentos, apenas constatação.

Com sua aplicação no cotidiano, o sentido acaba sendo bem mais coloquial e trivial do que parece à primeira vista[6]. A tradução mais popular para mindfulness em português tem sido "*Atenção Plena*", sendo que é possível elencar mais uma tradução, coloquial, e que se aproxima muito do sentido original, que seria a expressão "*presença de espírito*", desaconselhável, já que em português a conotação "espiritual" sempre pode trazer o debate para questões sobrenaturalistas, o que não é nosso enfoque. Outra tradução, também coloquial, seria "*estar a par*" de algo, de alguma condição ou informação. Ou seja, estar a par de sua condição momento a momento, "estar de olho" em si, olhar-se, tocar-se. O ditado "o olho do dono engorda o rebanho" parece fazer sentido aqui.

Em termos práticos, há uma certa fusão entre mindfulness (atenção plena) e *awareness* (consciência panorâmica), como podemos constatar na expressão "mindfulness *é o awareness que brota de se prestar atenção de maneira deliberada, não-julgadora, ao desenrolar da experiência momento a momento*"[7]. Em textos de épocas e autores distintos, percebe-se que ora fala-se mais de mindfulness sob um aspecto do que do outro, contudo atualmente fazemos estas leituras de forma com que ambos os conceitos se fundam e se completem

Em nosso meio acadêmico-universitário, tem-se usado o termo em várias conotações em diferentes usos, podendo-se estar falando de um traço, de uma variável de pesquisa, senão de uma técnica. No presente texto abordaremos o mindfulness no sentido de uma técnica de intervenção e de seus fenômenos associados.

---

[6] Idem.

[7] KABAT-ZINN, 2003.

A PRÁTICA

Ao usarmos o termo técnica para abordar o Mindfulness, temos em mente que a palavra "técnica" deriva do grego clássico "*téchniki*", que por sua vez deriva de "*téchni*", que significa arte. Tanto a ideia grega clássica da *techni* quanto a ideia contemporânea de arte, ambas envolvem *a subjetividade criativa* e ao mesmo tempo, a *execução exímia.* A aplicação dessas técnicas envolve, portanto, uma *prática* que seja *orientada e continuada* (disciplina) e ao mesmo tempo *uma prática criativa* (arte), evitando assim tanto o engessamento da "burocracia" vazia do ritualismo por um lado, quanto o imaginário desenfreado e destituído de compromisso com a experiência imediata de outro.

Num sentido geral, podemos traduzir mindfulness como *um lembrar--se de sua própria presença no ambiente em que você se encontra.* Você não é meramente um expectador, você faz parte da paisagem (*awareness*, visão panorâmica). Mindfulness promove a percepção das "coisas nas coisas", ou seja, em seu valor de "coisa-em-si", depurada de atribuições e envoltórios de significação. Não se tenta eliminar as significações que invariavelmente surgem, mas apenas não se apegar a elas, não dar a elas o manche do comando. Uma respiração é uma respiração. Uma emoção é uma emoção. Um pensamento (nas tradições, um "produto mental") é um pensamento, independentemente de seu teor (egoísta/altruísta, bom/ruim, bonito/feio)[8]. Egoísta ou altruísta, bom ou ruim, bonito ou feio será *aquilo que eu eventualmente farei a partir desse pensamento, dessa emoção ou de uma respiração, mas não o mero fato de admitir esse pensamento ocorrendo em mim.*

Quando eu percebo irritação em mim, em reação a algum aborrecimento, ou quando não consigo fazer valer minha opinião (inclusive quando acredito que minha opinião é válida), essa irritação não é boa nem má: ela é a "irritação na irritação". O que vai trazer um juízo de valor será aquilo que eu fizer a partir dessa irritação, e o caráter nocivo ou não dessa irritação *em minha saúde* advirá do que eu fizer com essa irritação em mim. Entre chamar alguém com quem tenho uma pinimba para uma conversa mais detida, ou então simplesmente

---

[8] The Way of mindfulness – The Satipatthana Sutta and its Commentary. Soma Thera. Disponível em <www.accesstoinsight.org/lib/authors/soma/wayof.html>.

destratá-lo em público, há a possibilidade de um ajuizamento, de uma deliberação julgadora, mas não foi a irritação que motivou nenhuma das duas atitudes distintas – foi o que eu fiz com essa irritação e o que fiz a partir dessa irritação.

A irritação emocional, *per se*, guarda uma semelhança ética com a queimadura de pele pelo sol. A pele se encontra irritada. Algo que nos contraria ou fere psicologicamente (pode ser uma frase infeliz, ou uma atitude geral de anos) é algo "irritante". É muito mais um padrão de reação a uma adversidade do que qualquer outra coisa.

Um outro ponto importante a se ter em mente é que, não raro, nossa reação de irritação ou contrariedade poderá ser procedente, seja porque o desenrolar dos fatos confirma minha ideia, ou seja porque ela é mais claramente procedente e embasada, ainda assim, a irritação, por mais procedente que seja em sua origem, deve permitir o *acting-out*, a passagem ao ato. Albergar um determinado pensamento ou emoção não tem nada a ver com meus gestos e atitudes no mundo exterior objetivo.

Mais à frente, quando abordarmos a Memória Episódica, teremos uma visão mais profunda das bases da memória (cognitiva e emocional) em jogo quando cultivamos o mindfulness.

Por fim, ressaltamos que usaremos a definição operacional fundada por Jon Kabat Zinn, ou seja, o conjunto de técnicas para cultivar "*a consciência que emerge de se prestar atenção deliberadamente (intencionalmente) e de maneira não-julgadora (equânime) ao desdobramento da experiência, momento a momento*"[9]. Outra definição operacional que tem se mostrado bastante clara e com poder de simplificar o entendimento sobre nossa prática é o de "*um tipo de consciência caracterizada pela atenção sustentada no presente momento associada com uma atitude de abertura, curiosidade e aceitação*"[10].

Outro cuidado que devemos ter é não elevarmos prematuramente o termo anglofônico mindfulness (descritivo) à categoria de uma realidade material, um objeto real, uma verdade incontestável. Esse fenômeno intelectual, chamado de *reificação* (do lat: *res*), refere-se à "coisificação", ou "materialização" de um conceito, de trazê-lo à

---

[9] CRANE et al., 2016.

[10] BISHOP et al., 2004.

esfera da "coisa" e, a partir daí, abrir caminho para usos espúrios do termo.

Para muitos praticantes, sob alguns aspectos, essa tendência pode acabar se constituindo num estorvo, em vez de um apoio à prática, uma vez que essa reificação, caso levada a extremos, pode impor a ideia de um *dever*, de uma *obrigação* ou de uma *idealização da prática*, todas sempre deletérias ao mindfulness, e poderão prevenir a experiência de renovação e revigoramento que ele proporciona.

Isso porque a ideia de um mero conceito operacional ser usado para metaforizar as experiências anímicas dos praticantes pode acabar se enfraquecendo diante de um eventual imbróglio de deveres. O termo "mero conceito operacional" usado aqui não guarda qualquer conotação desdenhosa ou derrogatória, mas muitas vezes vai se referir ao estado mais refinado que a prática do mindfulness pode ajudar a atingir, o da simplicidade e singeleza, simplicidade essa que pode acabar engessada, ante o uso indiscriminado do termo mindfulness.

Essas considerações, longe de serem especulações teóricas ou metafísicas, pretendem alertar para a importância de se manter o frescor do desenvolvimento do mindfulness como uma nova ferramenta no arsenal terapêutico contemporâneo[11].

Mindfulness pode ser entendido como uma "bússola" que tem a função de sempre reorientar a uma determinada vista clara de si mesmo. Não seria como a descrição de uma "coisa", ou de uma variável biológica, mas sim, uma tentativa de descrição dos efeitos dessas variáveis biológicas ou culturais, as quais não cessam de se manifestar nesse canteiro magnifico que é o funcionamento interior (subjetivo) humano.

Perder isso em nome de uma banalização a serviço de interesses menores seria trocar a primogenitura da descoberta do mindfulness no contexto da saúde e da vida civil por uma sopa de lentilhas.

Para procurar manter claros e límpidos os mananciais do saber das práticas contemplativas em contextos seculares, após algumas décadas de experimentação, e o lançamento de um grande número de programas e treinamentos que envolvem o uso coletivo e individual de práticas de mindfulness (os Programas Baseados em mindfulness),

---

[11] WILSON, 2018.

essas intervenções baseadas em mindfulness foram descritas, para fins de organização, como tendo duas facetas de conteúdo, havendo o ingrediente essencial (a "urdidura", que envolve práticas contemplativas), e o ingrediente variável, de conteúdo psicoeducativo (a "trama"), conforme descrito no artigo seminal "O que define os Programas Baseados em mindfulness?: A Urdidura e a Trama"[12].

Os conceitos de mindfulness-traço ou mindfulness-disposicional, ambos procurando exprimir uma disposição para a atenção plena no momento de uma avaliação biológica ou epidemiológica, têm valor inestimável como elementos técnicos para a pesquisa em Psicologia e Psiquiatria, ao fazer uma ponte entre a experiência humana em mindfulness e os métodos para a exploração experimental e científica de seus mecanismos biológicos. No entanto, não são termos que ajudem no entendimento, divulgação e desenvolvimento das práticas e intervenções do mindfulness.

Usando tais conceitos fora do contexto de pesquisa, corre-se o risco de gerar uma ideia de que alguns de nós são mais "propensos ao mindfulness" do que outros. Isso fere o paradigma original, da possibilidade que todos carregamos em nós, de nos socorrer na sabedoria inerente a nosso ser, e não que alguns seriam mais "inatamente sábios" do que outros. Alguns podem ter mais "facilidade" para meditar, mas, como o aforisma diz, "o cavalo que precisa de pouco treino frequentemente é o que menos retém as instruções"[13], ou seja, a aparente facilidade para o insight nem sempre evidencia um bom proveito dessa facilidade. A tradição oral das artes marciais nos diz que o Patriarca cantonês de Kung Fu, Moy Yat, afirmava, de maneira bastante divertida, que "aluno de kung-fu não pode ser nem lerdo demais, nem esperto demais – os dois dão muito trabalho!".

A metáfora da musculação é muitas vezes usada para ilustrar alguns aspectos de nossa prática, e já é consagrada na literatura do mindfulness. Entre outras semelhanças, a musculação se presta bem para ilustrar a ideia do uso conveniente e do uso equivocado das instruções dos programas. Nessa metáfora da musculação vemos o fato de que, nela, não há uma única alavanca musculoesquelética que

---

[12] CRANE at al., 2016.
[13] SUZUKI, 1995.

já não seja previamente natural e espontânea em nós. Caso algum movimento seja executado fora dessas estruturas já estabelecidas, com a repetição, há risco elevado de lesão. Assim também ocorre com o trabalho da atenção plena: toda e qualquer manobra subjetiva que fazemos já vem no pacote de uma capacidade inata, uma estrutura pré-estabelecida, a nós só resta fortalecê-la pela prática, mas não forçá-la para fora de sua natureza.

O que a prática saudável busca é precisamente a ativação e desenvolvimento da atenção plena, para a qual já temos todo o "maquinário" mental e neurofuncional pronto, e qualquer outra coisa que não seja a prática dessas faculdades espontâneas oferece o risco de experiências pouco efetivas, ou até mesmo espúrias. Não há "novas formas de ativar a mente", novos "macetes", segredos inimagináveis reservados aos que galgam posições dentro das práticas, apenas o exercício, o desenvolvimento daquilo que já é ativado em nós, apenas pouco acessado. Daí a importância da prática dedicada e de longo percurso da parte daqueles que enveredam pelo mindfulness aplicado à saúde. Vale a equação:,

Ativação do inato + Desenvolvimento deliberado = Cultivo

Não "existe" mindfulness: "existe" cultivo do mindfulness. Ou nosso traseiro está na almofada (ou sentado onde quer que seja), ou não há mindfulness.

Portanto, sem esses cuidados acima, o termo mindfulness e seu uso correm o risco, com o uso indiscriminado, de vir a ser reificados também, ou até mesmo vir a ser subtraídos de sua ideia original, e com isso, acabarem por ser diluídos e banalizados em usos equivocados em relação a seu paradigma original.

O PRESENTE MOMENTO – AQUI E AGORA (*HIC ET NUNC*)

O termo "presente momento", frequentemente citado nas práticas e angular para o entendimento da meditação dos programas, tem um estatuto muito mais próximo de "ético" (sustentado com uma intenção e motivação, a partir de um *ethos*) do que "ôntico" (referente ao Ser, ao *ontós*). *Diz muito mais respeito a uma atitude subjetiva do que a qualquer loteamento cronológico, a uma fração de tempo (mseg, seg, horas, etc)*. A intenção determina a presença do momento. A motivação é o motor, não a disposição ou o entusiasmo. A motivação é a força motriz que subjaz à competência e à mudança[14,15].

O "presente momento", para fins de nossa prática e do que cabe a nós para cultivar uma prática, não guarda relação com o loteamento do tempo. É possível mobilizar uma existência mais rica e gratificante sem a preocupação com o tempo que o sistema nervoso central leva para renovar suas informações proprioceptivas. Isso significa que essa *modalidade específica de testemunho da experiência presente* se sustenta a partir de uma *intenção* específica, e não de algum órgão, função ou dever. A dimensão ética do mindfulness será novamente abordada mais à frente.

Segundo Karl Jaspers, é importante separar o "saber do tempo" (no sentido cronológico) da "vivência do tempo", que seria a "consciência total do tempo"[16]. Traduzindo para a linguagem contemporânea, o "tempo do cronômetro" é uma coisa diferente do tempo no sentido do "desdobramento da experiência no presente momento".

Portanto, como o registro do tempo não é o ponto de interesse na ideia do presente momento, a renovação da propriocepção corporal (ou seja, o tempo necessário para que um determinado decúbito seja devidamente registrado pelas estruturas do equilíbrio estático e dinâmico, embora quantificada e usada em pesquisa) não interessa na experiência do mindfulness. Deixaremos as curiosidades e peripécias da passagem do tempo físico com os físicos e diletantes.

O que de fato estabelece a experiência do presente momento é o fato de intencionalmente nos descolarmos subjetivamente do passado (das memórias pesadas ou enlevadas) e do futuro (sempre de consistência insólita, reconstrução imaginária das memórias, daquilo que já foi vivenciado). Nós nos desfazemos das aderências ao passado e ao futuro (ambas modalidades de experiência deslocadas do hic et nunc, do aqui e agora), nos desprendemos subjetivamente, porém sem escorraçá-los nem os chamar, e sem deixar que nos levem embora do presente

---

[14] ROTHBAUM, 1982.

[15] WHITE, 1959.

[16] JASPERS, 1973.

momento, porém permitindo que eles se mantenham registrados cognitivamente (não haverá um apagão nem um recalcamento) e acolhidos (não haverá qualquer conflito interior, conosco mesmos, por permitirmos que permaneçam). Nas palavras de JH Schulz, o "amortecimento da ressonância dos afetos" e o "restabelecimento"[17].

Esse desprendimento subjetivo é a raiz para a possível emancipação dessas memórias e temores, e com essa emancipação, a possibilidade de enxergar possibilidades e horizontes que ultrapassam a dor e o êxtase momentâneos, vivências que podemos experimentar quando confrontados com a contrariedade, ou confrontados com algum caminho promissor e reluzente.

Nesse sentido podemos dizer que o *Presente Momento* é o *Momento da Presença,* o momento em que me dou conta que estou presente, e dou primazia ao fato de estar também presente na paisagem de reflexões e emoções que eu vivo.

---

17 SHULZ, 1967.

CAPÍTULO 1

SAÚDE, A TRAVESSIA FISIOLÓGICA

> "Uma das habilidades melhor desenvolvidas na civilização ocidental contemporânea é a dissecção: o fatiamento de problemas até os menores componentes possíveis. Somos bons nisso. Tão bons, que frequentemente nos esquecemos de juntar as peças de novo."
>
> ALVIN TOFFLER

Wesley[18] vivia com sua mãe. E sua vida quase se resumia a isto: ser companhia de sua mãe, sem outra pessoa dividindo o teto, a comida, as aspirações e frustrações. Dia após dia, vendo televisão, algum contato com redes sociais de jogos, e pouco interesse por atividades mais elaboradas.

Tinha cerca de 30 anos, e seu convívio social se restringia a cumprimentar alguns eventuais contatos com poucos vizinhos e conhecidos do bairro, sempre lacônico e pouco disponível quando na rua. A vizinhança, como um todo, pouco o conhecia, muitos sequer o haviam visto em alguma ocasião nos anos em que vivera no bairro.

Havia atravessado um período de grande privação material na primeira infância, e um outro, mais pronunciado, ao final da adolescência. Sua escolarização havia sido precária, com pouca motivação

[18] Os nomes e eventualmente o gênero das pessoas citadas foram propositalmente mudadas, visando manter o sigilo e a veracidade das experiências. Tal se dá em todos os capítulos do livro

e desempenho sofrível, com um abandono precoce da escola. Nunca havia tido qualquer envolvimento amoroso, nem cultivava passatempos e tarefas que fossem coletivas.

Acabou sendo trazido a um serviço de saúde mental numa ocasião em que sua mãe havia sofrido um sério agravo à saúde, para cujos cuidados foram acionados parentes de outras regiões e cidades, com os quais Wesley tinha pouco e superficial contato. Esses parentes, anteriormente distantes, se depararam com um rapaz mirrado, introvertido e recolhido, inicialmente arredio, e que, ao ser chamado ao convívio e às tarefas de cuidado, acedia para em seguida mostrar-se hostil e pouco disponível. Tal atitude, além de dificultar os cuidados à sua mãe, também destoava do que os familiares esperariam de alguém em sua situação. Seus parentes se surpreendiam com sua atitude, como se ele não percebesse a gravidade do que ocorria, tanto com sua mãe *quanto consigo mesmo.*

Dado esse desajuste preocupante, acabou por ser encaminhado, pelo neurologista, a uma avaliação psiquiátrica. Nessa avaliação psiquiátrica, apresentava uma série de reações e atitudes emocionais mal adaptadas ao ambiente e ao que lhe era solicitado, sem, no entanto, formar um quadro clínico bem delimitado.

Considerações diagnósticas do caso fugiriam ao escopo da presente discussão, sendo que o importante é resgatar desse caso as diversas características desse quadro que são partilhadas, em menor intensidade, com inúmeras outras pessoas, sem que com isso haja um diagnóstico. Sem atingir os níveis extremos do caso acima, experiências como desajuste social, inibição, desempenho reduzido, desinteresse pelo convívio, são frequentes em nosso meio, ou, pelo menos, mais frequentes do que inicialmente imaginável. Não houve a necessidade de um diagnóstico (clínico ou psiquiátrico) para que Wesley vivesse precariamente. Precariamente porque sem o saber, Wesley se privou, por anos a fio, do contato social, de atividades coletivas e de carregar algum projeto ou qualquer coisa que lhe gerasse engajamento. Essas características podem levar nossa experiência de estarmos vivos a um patamar de falta de uma perspectiva que nos atrele, e a um tédio quase torturante. Seu exemplo é precioso porque mostra que *é possível levar uma vida pouco gratificante de um ponto de vista interior, sem ter um diagnóstico médico ou psicológico estabelecido.* Vale dizer, situações em que não há diagnóstico clínico ou psiquiátrico, mas que ao mesmo tempo, se passam com uma ausência de bem-estar, embora não comportem diagnóstico, podem acabar por contribuir para corroer a saúde *em longo prazo.*

*

Para compreendermos o que é necessário para viver uma vida gratificante e mais plena de bem-estar, é preciso partir da ideia de saúde e doença. Uma concepção mais antiga e inicial, de que a saúde seria quase equivalente à de uma *ausência de enfermidade*, é essencial e indispensável, e tem motivado um avanço em nossa qualidade de vida que a coloca em primeira grandeza. Mas o avanço e continuidade das ciências de saúde, aliados a uma crescente sofisticação das avaliações clínicas e psíquicas, têm levado à necessidade de uma concepção mais ampla de saúde, para a qual tem evoluído um conceito positivo, marcado não tanto pela ausência de sintomas, mas pela *presença de saúde em si*, definindo um campo próprio. Ou seja, saúde não é o estado final da erradicação de todas as doenças possíveis, é um estado em si, o qual funcionaria por regras próprias. Não é raro que aquilo que nos incomoda não seja um sofrimento excruciante, como uma dor crônica ou oncológica, ou um afeto constritivo e angustiante, mas muitas vezes uma leve nota de desassossego, uma estranheza que acaba por levar a um estranhamento da própria experiência. O tédio é um afeto que frequentemente sinaliza essa experiência.

Mesmo quando passamos por essas experiências sutis, e não há nada que aponte decisivamente para um transtorno, não estamos imunes a presenciar um "predomínio de cenário" interior, um desacorçoamento subjetivo que nos impede de propiciar relevo à nossa existência. Daí nossa experiência de nem sempre conseguirmos responder às demandas diante das quais ficamos expostos: a doença de um parente caro, uma mudança brusca na dinâmica da vida. Além da dor, todas essas experiências têm o elemento comum de nos afligir e o que trazem como denominador comum é uma demanda intrínseca de dar conta da rotina, da repetição e do enfado de maneira criativa, viva e fértil. Sem dar conta da rotina de maneira criativa, viva e fértil, é difícil dizermos que experimentamos bem-estar psicológico, ou que nossa existência seja plena, adaptável ou, por fim, saudável.

Vivemos um tempo chamado de pós-industrialismo, mas alguns mecanismos psicológicos e sociais da indústria continuam vigentes, como no loteamento de nosso tempo diário, em nossas opiniões por vezes enlatadas e estereotipadas, em atitudes e gestos meramente estéticos, os quais não reproduzem qualquer coisa de nossa disposição interior, e todos esses fatores contribuem para a seriação da experiência humana objetiva e subjetiva.

Essa seriação pode acabar por produzir, se determinados cuidados não forem tomados, um afastamento da plenitude de nossa experiência humana no decorrer do tempo (minutos, horas, décadas), ou, usando um termo mais forte, uma alienação de nós mesmos. Esse desligamento de nós mesmos denuncia nossa ausência nos cenários em que existimos, e essa subtração, embora automática e inadvertida, amiúde é essencialmente dolorosa e desalentadora, e com frequência nos leva a uma busca por coisas que possam nos restituir um *status quo* imaginado.

Uma das primeiras etapas da educação de nossas crianças (e de nós mesmos, por óbvio) consiste em condicionar as necessidades fisiológicas. "Sair da fralda", frequentemente associada a uma forma de emancipação e aceitação social, tem uma dimensão de reduzir as manifestações do organismo à conveniência e aceitação social, tal como agradar os pais, ou "ficar bonito na foto", como diz o adágio. O efeito global seria de "hominizar" o organismo rumo ao corpo, como veremos à frente[19].

Desse estágio, vemos esse princípio de "hominização" se expandir ao campo intelectual e emocional, quando por exemplo na escola, quando "acertamos" ou "erramos", e nossas aquisições passam a ser mensuradas por notas e por aprovações. Esse esforço (e a palavra "esforço" cabe aqui na acepção da palavra) vai-se amplificando e se tornando mais complexo a cada fase de desenvolvimento que vamos galgando.

Para conseguirmos lidar com essa subtração de nós mesmos, talvez seja necessário dar um passo além, ou seja, realmente buscar estratégias ativas pelas quais nossa motivação e iniciativa possam fazer parte do

---

[19] The Hominization process of Homo sapiens. Ajeet Jaiswal. University of Delhi, Delhi, India TENSIVE COURSE IN BIOLOGICAL ANTHROPOLOGY. 1st Summer School of the European Anthropological Association. 16-30 June, 2007, Prague, Czech Republic Pags 43-46 (Jaiswal, 2007)

cenário de nossa vida cotidiana. Sem isso, é difícil dizermos que nosso estilo de viver seja pleno, adaptável ou até mesmo saudável.

O *Presente Momento* pode ser descrito também como o *Momento da Presença*. Ao entrar em contato íntimo e profundo com minha respiração, e a partir dela, com o corpo que me constitui, e as emoções e pensamentos que ele alberga e que povoam minha interioridade, eu passo a contemplar um conceito mais sutil (e mais amplo ao mesmo tempo): eu entro em contato com minha Presença. A Presença, consistente e massiva, cujo testemunho nos dá nosso corpo, é a presença sem a maquiagem, sem os efeitos da estética de nossos recursos e disfarces emocionais sobre nós mesmos. E, tal como ocorreu conosco nos primeiros anos de vida e do processo do assentamento cultural em nosso ser, a participação física é essencial na nossa Presença.

AS VERSÕES DO SOMA: ORGANISMO E CORPO. RESPIRAÇÃO E FALA

Quando falamos em *Presença*, automaticamente nos remetemos à nossa consciência corpórea, ao espaço de nosso corpo anatômico, o qual pode nos dar uma sensação de unidade conosco uma conexão entre o que é sabido e o sabedor[20]. A dimensão física, por sua vez, tem raízes na ideia do "soma" grego (como na psicossomática ou nas somatizações). Para o entendimento do mindfulness na prática, uma distinção fundamental deve ser trazida à luz. Há, em saúde, dois sentidos distintos, embora parcialmente superpostos, para esse "soma".

Um sentido diz respeito àquilo que eu imagino em mim e o que entendo que seja a parte que me cabe fazer e sentir. Essa parte não deixa de ser o resultado daquilo que me foi (e é) dito e ensinado acerca de mim mesmo, pelos outros ou por mim mesmo, e é sempre vivenciado como se "viesse de fora". Esse é o *corpo*. Geralmente todos os adjetivos que uso em mim mesmo são corporais: meu cabelo é assim ou assado, sou alto ou baixo, belo ou feio, claro ou escuro. A avaliação que eu tenho de meu corpo tem profunda participação da cultura e funciona com critérios de valoração e demérito. É urdido a partir das minhas interações sociais, em especial na infância e adolescência, e são minhas

---

[20] JASPER, 1973.

atitudes, e a reedição desses critérios, que vão desenhando a relação com meu corpo vida afora. Tem uma moldagem tão cultural, que no século XIX, já se falava "mundo como extensão do corpo"[21]. Embora o corpo tenha seu nascedouro remoto no organismo, com o passar de nossos anos da infância para a idade adulta, vai guardando relação cada vez mais distante com ele, já não guardando a mesma relação estreita nas idades mais maduras.

Já o *organismo* seria a percepção de minha presença física sem a mediação da suposição e das expectativas que a cultura imprime (*e, principalmente, eu mesmo imprimo*) em mim. É o outro sentido que usamos para falar em soma, e é o organismo propriamente dito, aquele que tem um funcionamento próprio, que prescinde do aprendizado sociocultural, o *Real Físico*. Esse organismo não é passível de ser adjetivado com lisonja e tampouco com demérito, não podemos "dar uma nota" para nosso pâncreas ou à nossa artéria aorta, como se dá nota ao tamanho de nossa orelha, ou ao formato de nossa boca. A única atitude possível é de assentimento, admiração e gratidão.

O corpo aproxima-se mais de uma construção social, é em muitos momentos entendido como uma mera construção social, e, portanto, passível de intervenção cultural. Já o organismo se aproxima mais da biologia, do *Physis*, da muralha orgânica, do "rochedo do biológico"[22].

Vale ressaltar que essa distinção, entre organismo e corpo, é essencialmente didática, e não pretende ser absoluta. Não são duas dimensões dicotômicas, ou mutuamente excludentes. Esta distinção é meramente operacional, que serve para distinguirmos o que experimentamos não apenas durante nossa prática, mas na vida cotidiana, nas conversas do dia a dia, e nos afazeres cotidianos, quando organismo e corpo podem frequentemente se superpor e apresentarem-se juntos. Essa distinção se fará importante mais à frente.

O corpo tem uma labilidade imaginária e efêmera veloz, ambígua, e alberga o equívoco, pelo mero fato de ser o receptáculo, o recipiente onde incidem as intensidades culturais na forma de ditames, opiniões, exemplos e condicionantes da experiência amorosa. Já no organismo observamos uma impermanência mais consistente e na qual é possível

---

21 ALVES, 2004.
22 VALAS, 1990.

nos acomodarmos a salvo da tirania de nossas convicções. O corpo produz o efeito descrito como o dos "macacos inquietos", que são frequentemente descritos, e o organismo proporciona a experiência da serenidade mais profunda da prática do "fundo do lago" ou da "montanha perene".

Dois exemplos dessa diferença sutil e ao mesmo tempo decisiva entre corpo e organismo são especialmente ilustrativas:

A primeira é a que vemos por ocasião das importantes intervenções estéticas, em que é possível corrigir algumas características que notamos como imperfeições ou inconveniências. Nesse tipo de intervenção, sempre se leva em conta o quanto a intervenção, atendendo ao que se espera do corpo, não compromete e preserva o organismo. Na correção de um queixo prognata, a intervenção deve respeitar a dinâmica entre a maxila e a mandíbula, caso contrário o organismo é prejudicado em sua mecânica mastigatória. Outro exemplo é o da rinoplastia estética, onde o fluxo aéreo nasal não deve ser comprometido em nenhuma de suas características enquanto o nariz se embeleza, e assim por diante. Meu queixo fica mais "estético", meu nariz também, mas a "mandíbula" e as "fossas nasais" têm uma autonomia funcional em relação às exigências que tenho para com meu corpo. E assim sendo, continuarão funcionando com autonomia, à revelia de minha ideologia.

Aqui cabe um alerta de que não estamos considerando as intervenções estéticas como indesejáveis, nem maléficas, nem secundárias; muito pelo contrário, prestam um serviço inestimável em um sem-número de condições. Apenas citamos dois exemplos, procurando ilustrar a mudança dialética entre corpo e organismo, e que aparece com extrema frequência naqueles que praticam com regularidade.

A segunda também é bastante conhecida daqueles que praticam mindfulness, e nesse caso, provavelmente nem será surpresa. Se nós fizermos o exercício intelectual (podemos fazê-lo agora, lendo este livro) de pensar nas estruturas anatômicas envolvidas no processo respiratório (diafragma, musculatura intercostal, pulmões, traqueia, laringe, glote, nariz e boca), veremos que todas, sem exceção, *participam do processo de fala*. Para falarmos, temos que utilizar essas estruturas todas, obviamente algumas mais e outras menos, em diferentes momentos de fala, mas todas, sem exceção, são relevantes e participam do processo da fala. Podemos, portanto, e sem exagero, dizer que *nosso falar é uma diferenciação da respiração*, ao mesmo tempo que *a* fala é a atividade socializante por excelência. Todas as ideias possíveis de serem transmitidas passam necessariamente, em algum estágio, pela fala. Até mesmo a escrita e leitura, para serem absorvidas por nós, dependeram crucialmente da fala. Portanto, ambas "obedecem ao meu comando" quando eu falo, configurando movimentos voluntários complexos. Um cantor talvez tipifique o auge desse comando, ao passo que uma prática meditativa em silêncio, por sua vez, seja o ápice da suspensão desse comando: as estruturas anatômicas se dedicam exclusivamente à respiração, e a fala é suspensa, tornando-se assim possível favorecer o predomínio das percepções orgânicas da respiração momento a momento.

Quem se recorda do clássico filme da década de 1980, *Blade Runner,* reconhece que o que atormentava os androides (seres humanos sintéticos produzidos em laboratório) não eram os sonhos e as memórias que foram implantados neles, mas sim, o enigma de sua origem física: era o fato de não terem contado com um corpo para realizar efetivamente aquilo que os chips informavam. E isso apesar de serem organismos, e organismos altamente eficientes, por sinal.

Talvez a grande virtude, a grande força da condição humana não venha apenas de atributos intelectuais ou da exímia capacidade de socialização, mas também do fato de essa condição ser física: é o que distingue minha existência de uma mera ficção.

De um ponto de vista neurobiológico, todas estas estruturas funcionam em grande parte do tempo sem minha consciência ou percepção. Elas têm duas formas de inervação, uma automática, oriunda do tronco cerebral (núcleos *apnêustico* e *pneumotáxico*), e uma intencional, vinda do funcionamento integrado de diversas estruturas prosencefálicas (lobo frontal, porções anteriores do Sistema Nervoso Central). Isto determina um padrão de funcionamento com dois modos: o automático (tronco cerebral) e o intencional (estruturas neuronais superiores), o funcionamento orgânico e o funcionamento intencional, portanto. Noutras palavras, a respiração e a fala.

Portanto a respiração, ao mesmo tempo que é corporal, também é orgânica. Importantíssimo notar que uma condição não anula a outra, mas, no entanto, uma pode ser mais percebida do que a outra, momento a momento, quando ambas ocorrem simultaneamente. Essa é uma das razões pelas quais a respiração se torna uma âncora (de diversas outras) especialmente preciosa: permite a báscula de nossa percepção em direções inusitadas. Pode nos dar uma nova visada sobre nosso funcionamento e competências, tanto corporais quanto orgânicas.

O ponto no qual "priorizamos" algumas de nossas percepções, deixando as demais em segundo plano (em segundo plano, porém não "excluídas" ou "esvaziadas"), chamamos nossa "âncora". Ao me ancorar na respiração, renunciando temporariamente ao controle dessa respiração, eu me dirijo do corpo (intencional, efêmero e julgável) em direção ao organismo (presente, sereno e não-julgável), e na verdade, passo a me ancorar no meu ser, já não mais no meu *fazer*. Torno-me um *ser-humano*, renuncio a ser apenas um *fazer-humano*. Sou alforriado de viver no piloto automático, pela própria percepção de meu ser. E, com minha prática sistematizada e assídua, vai-se configurando uma linguagem com o organismo, onde eu me aprimoro em percebê-lo cada vez mais detidamente, e com isso relativizo aquilo que imagino de mim mesmo.

Num sentido mais profundo, é o organismo que acaba acolhendo o sofrimento que nasce no corpo: as tensões musculares desnecessárias, a mímica facial angustiada, os erros de postura da coluna e excessos de esforço, toda essa conjuntura de erros e abusos que cometemos conosco mesmos a partir daquilo que *entendemos* que somos (não a partir do que *constatamos* que somos, momento a momento). E ao mesmo tempo, é o organismo que oferece a saída para os impasses e dilemas que esse corpo imaginário me impõe.

Ao sentar e praticar meditação, ou ioga, ou alguma outra prática contemplativa, ao reduzir ou condicionar os movimentos musculoesqueléticos, começamos a entrar em contato com a respiração-organismo, porque damos a primazia para essa modalidade de respiração. É um contato que atravessa o corpo passível de adjetivações e julgamentos, e ruma na direção da dimensão do organismo, que nada "faz", apenas "é". Essa dimensão tem uma soberania própria, traz em si o poder de nos tranquilizar e harmonizar de maneira profunda, uma vez que nos devolve o contato com o organismo, nos "des-aliena" do organismo. O corpo pode caminhar rumo ao conflito ou ao desencontro ("não gosto desse meu traço em minha aparência", "eu gostaria de ser mais estoico no meu jeito de reagir", "gostaria de fazer como ela"), mas o organismo sempre caminha na direção da harmonia. A base neurofuncional dessa tendência contínua à harmonização usa os termos *alostase* e a *homeostase* na literatura científica. Uma sessão de psicoterapia psicodinâmica elabora e perlabora a fala e o corpo, enquanto uma sessão de mindfulness aprimora e refina o contato com o organismo. São caminhos distintos, estratégias diferentes, de acesso à interioridade anímica.

De um ponto de vista de minha percepção de mim mesmo, ambos (corpo e organismo), embora distintos, têm origem num mesmo ponto, que é a *percepção possível* que eu posso ter de mim, e não de um "organismo ou corpo genéricos". Na percepção possível de mim mesmo, ambas as formas (corpo ou organismo) vêm do meu Ser e de sua particularidade, e esse Ser se expressa, se manifesta pela minha Presença (com maiúscula para fins de efeito). Fenomenologicamente, não é possível falar-se em vivenciar os sentimentos, os impulsos e a consciência de minha presença sem a vivência do próprio corpo[23], sendo a corporeidade, portanto, um elemento crucial e essencial para a consumação da experiência com a Atenção Plena.

O pronome possessivo "minha" usado acima para a Presença (organismo, corpo e experiência), é apenas topológico, localizatório, sem guardar uma conotação de posse, a qual não faria o menor sentido no midnfulness. Um manifesto de autoposse fica completamente perdido em falácias. E esse é um ponto central da experiência do mindfulness: meu corpo e organismo, ou melhor, o corpo e o organismo, não pertencem a mim. Ambos emanam de minha Presença, e essa Presença é uma consistência própria, que funciona por regras próprias, essencialmente não depende nem precisa de mim, e nem se curva àquilo que eu acho mais conveniente ou mais adequado a partir de minhas convicções. Submeter-me à sabedoria intrínseca dessa Presença, é em última instância, aceder ao saber acumulado por milhões de anos (em meu DNA e células, na Biologia) e por milhares de gerações que me antecederam (a Cultura Acumulada das Nações), e isso pode resultar numa saída extremamente sábia e habilidosa para me acudir nos enfrentamentos e contrariedades do dia a dia.

---

[23] JASPER, 1973.

Somos primorosos em estabelecer nossos deveres e atribuições (pessoas responsáveis e zelosas tendem a levá-las a extremos), mas temos nos revelado, especialmente depois da industrialização, negligentes em reconhecer nossa necessidade humana de viver nas entrelinhas desses deveres.

O fato de me dar conta de que não sou uma propriedade minha, no entanto, não me exime da responsabilidade de zelar por meu corpo, emoções e sentimentos. Pelo contrário, isso deve me levar ainda mais na direção de ser responsável por mim mesmo e pelo que faço a mim e ao próximo. Negligenciar isso seria como o absurdo de um passageiro que voa em um avião que entra em pane desresponsabilizar-se de qualquer ação, dizendo que "já que o avião não é meu, porque me preocupar"?

Não ser minha posse não é sinônimo de abandono de responsabilidade, nem de autoindulgência. A autocompaixão, grandemente em voga no mindfulness atualmente, não guarda a mínima relação com a autoindulgência, prima-irmã do cinismo, uma das formas da ignorância das tradições. Enquanto a autocompaixão é uma postura que exige de mim que eu monitore e acuda minha condição eternamente mutante momento a momento, a autoindulgência não passa do salvo-conduto que eu me dou em relação à desresponsabilização comigo mesmo e com aqueles que são de alguma maneira impactados por meus gestos.

Logo, pode-se dizer que as mudanças em nosso ser que o mindfulness favorece se dão através da hominização do corpo, indo em direção ao organismo, e assim produzindo a humanização de nossa existência. Ou seja, através da hominização do corpo rumo ao organismo, propiciamos a humanização de nossa existência.

Acompanhando essa clivagem entre corpo e organismo, também em relação à percepção (ou saber), o grego clássico nos proporciona uma diferenciação nas formas de saber que se revelam de grande proveito para o entendimento do mindfulness. A primeira é *Gnosis*, de onde se origina "diagnóstico", que diz respeito ao saber que é quantificável, frequentemente demonstrável, partilhável, universal e independeria, ao menos em tese, do detentor desse saber. A astrofísica é um exemplo de *gnosis* (conhecimento). Já a outra forma de saber, o *nous* (sabedoria) seria inquantificável, sem demonstrabilidade, testemunhável, singular e teria sua origem, meio e fim no detentor desse *nous*. O exemplo da astrofísica serve para ver que, embora elaborado, e em muitas vezes útil de um ponto-de-vista prático e diário, o *gnosis* não implica numa possibilidade de intervenção em relação àquilo que se estuda.

Pessoas iletradas ou com estudo precário têm tipicamente baixo *gnosis*, mas isso não as impede de ter um *nous* elevadíssimo, percebem-se muito bem no contexto do convívio, e podem ter até dificuldade em expressar seus sentimentos e percepções por falta de vocabulário, e, por outro lado, pessoas muito estudadas podem manifestar um *nous* precário, a despeito de um *gnosis* elevadíssimo (aliás, quando é assim, geralmente temos figuras humanas bastante peculiares).

E aqui temos um paradoxo que o convívio entre praticantes, instrutores e pesquisadores têm que digerir: desde o partilhar da experiência durante uma sessão de uma IBM (Intervenção Baseada em mindfulness), até uma transmissão por meio de um texto ou uma palestra a respeito, essa transmissão da experiência humana sob a prática do mindfulness é *compartilhável,* mas não *demonstrável,* como é típico do *nous.* No entanto, os meios de transmissão e de pesquisa valem-se, dos mecanismos de gnosis, predominantemente. Essa aporia (o *gnosis* sendo usado para descrever algo do *nous*) é certamente um trecho sinuoso do rio, onde tanto pesquisadores sérios quanto praticantes sinceros devem ter todo o cuidado a partir do toque gentil que o mindfulness pode oferecer. Este é um ponto crucial na inserção do mindfulness na saúde e nas teorias humanas contemporâneas, e honestidade pessoal é o esteio de qualquer transmissão possível.

A experiência clínica e de treinamento mostram de maneira bastante convincente que as medidas que podem trazer mudança em nossa maneira de lidar com a vida não se dão de maneira instantânea, como num piscar de olhos, de maneira categorial, como que "passando de uma gaveta para outra". Há uma sabedoria inerente a nosso ser, da ordem do nous, em que a absorção de um novo hábito (no bom sentido) leva tempo, sistematização e um certo acúmulo de experiência para que seja incorporada e passe a fazer parte de nossa vereda diária. Esse acúmulo sistematizado e dialético pode ser feito por várias maneiras: mantendo, repetindo, alterando, atualizando, construindo, lapidando, aprimorando, ajustando, adaptando essa prática, ou, numa palavra, *cultivando-a* num desenvolvimento deliberado. O cultivo engloba todas essas formas de sistematização. Cultivado como algo que exige contínua manutenção.

A equação continua valendo:

Ativação do inato + Desenvolvimento deliberado = Cultivo

A metáfora agrícola do cultivo é extremamente feliz, grata herança cultural que recebemos das gerações remotas que começaram as atividades de agricultura e criação cativa de animais no Neolítico. Num primeiro momento, o preparo da terra e as medidas necessárias para a lavoura são lançadas lá onde não há nada (nada que possa ser colhido).

Após isso, é preciso uma *intenção* (uma atitude deliberada, sustentada e renovada momento a momento), durante o período em que cultivamos as sementes e aparentemente nada acontece, e por ocasião da evolução progressiva rumo aos frutos, uma intenção que se mantém sóbria e ciente de suas limitações, de suas fronteiras.

A *intenção* não é um objetivo, nem uma meta a ser atingida, é muito mais como algo que nos mobiliza como seres humanos, uma motivação que engloba o físico, o emocional e o intelectual, e que também surge e se intensifica durante a prática, e pode sofrer mudanças no decorrer de uma prática, ou no decorrer da prática durante todo um período da vida. O importante é que a intenção aparece como um "pré-requisito" (é preciso tê-la para "iniciar" uma prática), mas também se *faz e refaz* durante a prática. Mindfulness pretende favorecer a celebração da vida, e a vida tem a natureza de um contínuo adaptar-se. Talvez a grande diferença entre mim mesmo e uma rocha seja que eu me modifico ativamente à medida que o ambiente físico se modifica à minha volta. Nossa intenção faz parte da vida, está envolvida até o pescoço nessa adaptabilidade, nessa *impermanência.*

Mais ainda, a intenção se faz presente momento a momento, não é um voto ou uma promessa solene que me faço. O voto e a solenidade podem celebrar a nossa decisão de fazer nossa intenção estar presente momento a momento, o que é louvável, mas não têm a finalidade de abrir os portais de algum poder que vá produzir uma mudança indelével e épica em nossa maneira de estar no mundo, pois essa é uma mudança que se opera na intimidade de nossa prática.

Uma eventual perda de nossa saúde, ou um mero enfraquecimento de nosso ânimo muitas vezes é mera obra do destino (da genética ou do acaso), podendo haver influência maior ou menor de nossas atitudes para conosco mesmos.

Isto posto, vemos que, em diversas fases do estresse, ou mesmo na evolução ou no prognóstico de diversas condições clínicas, nossa participação pode ser decisiva, como é o caso de alguns de nossos estilos de vida (alimentação, sono, prática de atividades físicas) e de interação social (beligerâncias-contemporizações, amabilidades-hostilidades, paciência-afobação, longanimidade-explosividade, coletivismo-individualismo). Um exemplo da interação genética X ambiente se dá com uma doença comum e repleta de consequências clínicas: a hipertensão arterial sistêmica. Nessa doença, a participação genética é decisiva para o desencadeamento, mas a participação ativa do paciente é decisiva para a evolução da doença para suas formas mais graves e terminais. O termo "diabete controlado" exprime bem a atitude do paciente na patogenia da doença.

À vista desses fatores, as ciências de saúde têm manifestado um interesse crescente nos fatores *promotores de saúde, resiliência e bem-estar*, e tem entendido progressivamente o adoecimento como uma falência desses fatores em nos proteger, por um motivo ou por vários, alguns comportamentais (como a atitude frente à doença).

O RACIOCÍNIO SINDRÔMICO

Toda a lógica do diagnóstico nasce de um conceito preliminar, por onde a própria medicina e demais ciências de saúde derivam seu raciocínio, que é a lógica baseada na síndrome.

Embora no imaginário o termo "síndrome" seja quase sinônimo de uma síndrome genética, é um conceito muito mais amplo, e fundamental para o raciocínio alopático, e responsável pelo formidável avanço que presenciamos nas ciências de saúde.

Ou seja, sintomas e sinais são o primeiro indício que nos autorizam a pensar numa doença. Síndrome nefrótica, síndrome de Cushing, síndrome metabólica, e assim por diante. E curiosamente, é bastante frequente que o paciente traga suas queixas na linguagem cotidiana, e o profissional que o atende necessite transcrevê-las para um jargão clínico. Essa transcrição lembra fortemente o diálogo de plataformas de informática, e é um dos pontos angulares para o bom encaminhamento clínico, tanto do diagnóstico quanto do tratamento instituído.

Síndrome (gr. *sun*, juntos, aderidos + gr. *dramein*, que ocorrem, que andam), é o que define o conjunto de sinais e sintomas que permitem circunscrever uma entidade nosológica (sinais e sintomas que "ocorrem e evoluem juntos"), o conjunto mínimo de sinais e sintomas que permitem delimitar uma entidade mórbida.

Os diagnósticos começam por esse ponto de partida, o qual pode muitas vezes definir um *transtorno* (ansiedade, depressão), e, acrescido de algum achado patológico laboratorial ou anatômico, definir uma *doença* (colite, neoplasias).

O PARADIGMA DA INTEIREZA

Uma outra palavra que merece atenção nessa análise, é a de "*healing*" em inglês. Embora grosseiramente possa ser traduzida por "cura" em português, há uma nuance no inglês, em que "*to heal*" não é um sinônimo exato de "ser curado", to "*be cured*". É muito mais próximo da ideia de "sarar", de restaurar-se, de restabelecer-se do que "curar-se" no sentido mais estrito. "Curtir" era um termo arcaico usado como sinônimo de uma convalescença, "ele está curtindo uma pneumonia", por "ele está se refazendo de uma pneumonia". Nesse sentido, o sentido arcaico da expressão "curtir" aproxima-se bastante de "*healing*".

Com isso, vemos um sentido mais amplo da ideia de cura citada pelos programas de mindfulness, o sentido de não incidir simplesmente sobre os aspectos mórbidos e nocivos da síndrome, mas de restaurar, de maneira mais ampla, a totalidade do ser que comporta essa síndrome. Numa palavra, o componente de atenção plena dos programas visa restabelecer o ser humano como um todo, para além da dimensão meramente sindrômica.

À exceção de condições clínicas mais graves ou mais avançadas, é preciso lembrar que, ao receber um diagnóstico, ou ao perceber algum desconforto, tem-se um sinal de um disfuncionamento, de uma malversação funcional, mas ao mesmo tempo em que esse disfuncionamento é detectado, ainda assim grande parte (senão a maior parte) do meu ser está bem. Se recebo um diagnóstico de diabete, ou de depressão, a musculatura periférica está funcional. Se sou diagnosticada com um câncer de mama, o rim e os pulmões estão bem. Mesmo quando há uma comorbidade (dois diagnósticos concomitantes, uma colite e uma catarata, por exemplo), ainda assim, grande parte do organismo ainda funciona satisfatoriamente. Lato sensu, o saldo é francamente positivo. As partes preservadas podem ser mobilizadas para acudir as partes acometidas.

Essa abordagem, que relembra ao paciente (ou não) que "em você, há mais coisas certas do que erradas" é uma das pedras angulares da abordagem influenciada pelo mindfulness. Longe de ser uma acomodação, ou um convite à resignação ou ao conformismo ("veja, você não tem do que reclamar"), é um convite ao movimento e à resposta. É confortador saber que "a maior parte de seu ser "continua viva, ativa e, curiosamente, "cuidando de você", fazendo por você as tarefas essenciais à manutenção de sua vida (coração, pulmões, rins, cérebro). E não só isso, mas uma mente vigorosa é uma mente que, à sua moda, persiste em acionar mecanismos de ajuste e de adaptação, ainda que sobrepujada momentaneamente por vivências nocivas e ameaçadoras. Uma mente que esteja mergulhada e sufocada por um quadro depressivo, ainda assim é uma mente funcionando a nosso favor, ainda que o resultado acabe sendo nefasto. Mesmo na falência e inversão dessas tentativas de adaptação, ainda assim, o saldo geral é de um cuidado espontâneo, inerente ao nosso ser, e que é mantido, mesmo na vigência de uma exaustão ou situação de xeque.

Longe de prescindir das medidas de cura (*cure*), as medidas de restabelecimento (*healing*) se constituem numa ferramenta de suporte e de amplificação e potencialização para essas intervenções de cura.

COMPLEMENTARIEDADE, ALTERNÂNCIA, SINERGISMO

A medicina baseada na síndrome e as intervenções baseadas em mindfulness têm sido chamados de "dois paradigmas complementares", mas o decorrer das décadas de prática e pesquisa nos permitem dar um passo além, pois é possível afirmar que ambos os paradigmas são muito mais do que complementares, são paradigmas *sinérgicos*: uma intervenção fortalece a outra, e a outra, por sua vez, fortalece a primeira.

Com isso, quer-se dizer que não há incompletudes a ser sanadas em nenhum dos dois, pois ambos são livres e competentes em seus próprios campos, sendo paradigmas diversos. Não são necessariamente simétricos, mas seguramente podem, quando adequadamente aplicados, participar colaborativamente para a restauração humana antes e após a doença. Como duas pessoas que empurram um carro atolado na lama a partir de partes diferentes (não complementares nem simétricas), e ambos contribuem para a superação do impasse, do atolamento, quando a cura favorece o restabelecimento, e o restabelecimento favorece a cura. Paradigmas alternos e sinérgicos, portanto. Sendo assim, entendendo ambos como paradigmas alternos e sinérgicos, não caberia qualquer raciocínio ou atitude utilitarista em nenhuma direção: não se deve pensar que "tal prática é boa para tal sintoma", ou "tal sintoma é melhor abordado por tal prática". As especificidades de cada intervenção, leia-se aí, para quais condições clínicas melhor se aplica, concentram-se muito mais no conteúdo psicoeducativo e psicossocial das intervenções, e sofre a influência da envergadura e treinamento do profissional que o aplica. O conteúdo envolvendo a prática do mindfulness propriamente dito, passa ao largo dessas considerações, mas por sua vez, exige a grande parcela de dedicação e entrega da parte do instrutor.

No exemplo anterior do diabete, trata-se de uma condição clínica que se beneficia, além das medicações, de medidas gerais, tais como perda de peso via substituição de gordura por musculatura, atividades físicas, e medidas dietéticas, com uso de alimentos de alto valor nutritivo e baixo valor calórico. Vários parâmetros da doença podem melhorar com isso, em alguns casos de maneira dramática. Mas o diabético sabe da dificuldade de implementação de alguns desses hábitos em suas vidas. Até mesmo lembrar-se de tomar um comprimido pode se tornar um desafio. Já é aceito que em muitos casos, o autocuidado, atenção ao próprio corpo, e refinamento da ética para consigo mesmo são facilitadas e fortalecidas e com isso a adoção dessas outras medidas se torna mais fácil. A própria serenidade interior, por si só, é fator de otimização da dieta, dos exercícios e das medicações, favorecendo um melhor prognóstico. As medicações, por melhorar a glicemia e demais parâmetros clínicos (e suas respectivas melhoras flagrantes na vivacidade e ânimo), favorecem uma melhor adesão às práticas, e as práticas, por sua vez, favorecem a melhora da glicemia via os fatores acima. Assim sendo, o mindfulness surge como uma ferramenta preciosa para promover a adesão do paciente às medidas e funcionar como fator de sinergismo às medidas medicamentosas e comportamentais, via o cultivo de uma atitude de cuidado geral consigo mesmo[24].

Esse sinergismo se espalha por quase todos os demais campos da saúde, passando pelos transtornos dolorosos, quadros ansiosos e depressivos, doenças inflamatórias e quadros de dor crônica, até mesmo pelo planejamento familiar e saúde ocupacional.

Em todos esses campos, continua valendo a regra do restabelecimento de um estado favorável ou benéfico, que se rompeu ou que foi seriamente abalado por ocasião de um estresse, e que esse estresse, quando crônico ou suficientemente intenso já se constitui em meio caminho andado na direção da enfermidade. E, com algum avanço, podemos ter o restabelecimento de uma harmonia interior mesmo antes que haja a travessia do horizonte clínico, ou seja, mesmo antes da ocorrência da síndrome.

E mesmo em condições fisiológicas que sequer podem ser consideradas patológicas, mesmo assim, o cultivo de um estado interior emocional e cognitivo pode ser francamente benéfico, como é o caso da gestação ou das relações familiares. Toda atividade humana pode ser melhorada quando se debela o estresse, o "curto-circuito" fisiológico que ele representa.

ESTRESSE

"Estresse" é um termo que vem sendo amplamente usado em nossa linguagem, tendo sofrido o processo de reificação acima descrito. Com isso, há larga confusão quanto ao que é estudado em seu nome, ou mesmo o que cada termo pode querer dizer em contextos diferentes. Para entender o que a "redução de estresse" efetivamente faz, é importante primeiramente ter uma visão geral do que esse termo pode querer dizer em termos clínicos e biológicos. Para isso, façamos um breve retrospecto do início de seu uso.

---

[24] MEDINA et al., 2017.

A importância do termo em nossas considerações vem do fato de que o nascedouro das técnicas de mindfulness na Saúde se deu pelo estresse e sua redução, e por sua vez, a ideia de estresse remonta aos primórdios da Civilização, havendo ampla referência às conhecidas descrições greco-romanas das "vesânias" e "sobrecarga de fluídos corporais" em resposta a sobrecargas emocionais (físicas e mentais), que eram comuns em situações traumáticas de guerra ou em outras catástrofes. Essas descrições, exaustivas e hoje obsoletas, abundaram na Literatura Grega, Romana e do Crescente Fértil.

Nos séculos XIX e XX, estes quadros são englobados pela medicina, e passam a receber nomes como "síndrome do coração irritável", "síndrome do esforço", ou até mesmo "transtorno do estresse pós-traumático", e "síndrome da Guerra do Golfo"[25].

Estas descrições focavam-se essencialmente no estresse extraordinário, catastrófico e ameaçador à integridade física ou mesmo à vida, o qual tipicamente se dá em condições adversas extremas. Privação de alimentos, privação de sono, exercícios extenuantes ou emoções intensas em animais de experimentação são exemplos disso, e as descrições focavam-se nesse tipo de estresse extraordinário ou intenso.

O estresse passou a ser mais bem compreendido em seu estudo e em suas implicações na Saúde com a "Síndrome Geral da Adaptação" de Hans Selye, que cunhou o termo, o qual descrevia, em linhas gerais, a tendência de resposta do organismo a mudanças exigidas pelo ambiente (mudanças de temperatura, de luminosidade, fartura alimentar), e o que se estabeleceu pela primeira vez, e de maneira clara e estabelecida, é que os organismos não são estáticos, não permanecem estáveis ou imutáveis, mas estão continuamente se adaptando às condições ambientais (e sociais, na experiência humana). Foi, portanto, num contexto experimental com animais de teste enfrentando adversidades, que se cunhou o termo *estresse* ("*stress*", inglês).

Há ainda outros termos, frequentemente usados na literatura científica e clínica, que são igualmente importantes, embora menos consagrados. O termo *homeostase*, que define a tendência geral do organismo a retornar ao seu estado usual, uma vez cessada a situação

---

[25] Hyans KC, Wignal FS, Roswell R. War Syndromes and Their Evaluation: From US Civil War to the Persian Gulf War. Annals of Internal Medicine Vol 125 Number 5 1st september 1996.

que gerou a adaptação, e o termo *alostase*, "equilíbrio na mudança", define a tendência compensatória contínua do organismo frente a adversidades, momento a momento. Ambos os termos surgem de tempos em tempos na literatura ligada ao mindfulness, em especial em periódicos científicos.

O estudo de doenças cardíacas e coronarianas foi importante, uma vez que estabeleceu o estresse como um fator de risco para infarto agudo de miocárdio e doença coronariana, e sistematizou diversas linhas de pesquisa em estresse. A partir daí, houve grande uso do termo em diversas situações na saúde, na educação, no mundo corporativo e na vida cotidiana (é gíria corrente nos referirmos a uma desavença como tendo "rolado um estresse" entre dois conhecidos). Assim sendo, o conceito de estresse se aplica tanto ao raciocínio sindrômico (quando o desconforto já atravessou o "horizonte clínico" e estabeleceu-se como uma doença), quanto à promoção de Bem-estar.

As diferentes fases evolutivas da experiência do estresse constituem-se num exemplo excelente da maneira pela qual interagimos e nos adaptamos às mudanças de nosso cotidiano a partir de nossas reações. Toda vez que estamos diante de uma adversidade mais momentânea (uma má notícia, um susto desencorajador, um sequestro ou violência), ou uma adversidade mais arrastada, que ocupa um período mais estendido (uma experiência de luto, conflitos conjugais, trabalhar em condições extenuantes e demandantes, ou adversidades sociais).

Embora a adversidade seja frequentemente chamada de estresse, o estresse propriamente dito seria mais precisamente a *reação que se tem frente à adversidade*, ou seja, nós estaríamos na verdade expostos às adversidades, e uma das reações emocionais e fisiológicas possíveis a essas adversidades seria o estresse. Uma das respostas possíveis, dentre outras. Outra maneira de entender onde o mindfulness se encaixa na redução de estresse seria que ele *favorece a mudança de uma reação frente à adversidade para uma resposta elaborada* frente a essa adversidade, e, portanto, reduz as chances de incorrer em estresse.

Enquanto todos os nossos recursos interiores, de resiliência física, de nossas emoções e de nossa capacidade de elaboração conseguem dar conta da mudança, nós temos a "resposta adaptada", tão desejável. "A adversidade foi vencida", proclama nosso imaginário.

Caso nossos recursos interiores sejam mais escassos, ou se esgotem, nós podemos ter uma ausência de resposta, uma inércia, em que "a alma foi entregue", ou então uma reação excessiva, um funcionamento anômalo e em piloto automático, em que "a emenda sai pior que o soneto". Essa emenda pior que o soneto, é o momento do estresse.

Um modelo tem sido bastante usado em diversos meios, para exemplificar biologicamente o estresse, é o modelo animal da "luta ou fuga", desenvolvida por Walter Cannon, frequentemente ilustrada pela imagem de uma presa e de um predador, com as fases de alarme e ação, em que os parâmetros biológicos e emocionais se intensificam (frequência cardíaca aumentada, sudorese, hipertonia muscular, ansiedade), e o posteriormente, cessada a ameaça, retornam à normalidade.

A limitação desse modelo para nosso cotidiano é que ele se refere muito mais a uma adversidade passageira, circunscrita no tempo, e a uma resposta que dura apenas o tempo necessário para sua resolução completa.

O que é diferente em nós é que na experiência humana, com a complexidade de nossa vida social (corporações, educação, agremiações e compromissos sociais recíprocos), tanto a forma aguda quanto as formas mais crônicas de adversidade podem ocorrer, inclusive podem ocorrer conjuntamente, O fato geral é que grande parte de nossas adversidades são menos dramáticas e mais crônicas, tendendo a ser mais continuadas e discretas.

Do acima exposto, nota-se que o estresse e a adaptação, longe de serem experiências abstratas ou etéreas, são ocorrências diretas em nosso corpo, organismo e mente, envolvendo uma interação intricada e complexa entre várias estruturas cerebrais e diversos sistemas biológicos (imunológico ou cardiovascular são exemplos), e por mecanismos neurais e/ou endocrinológicos (neuroendócrinos).

FASES DO ESTRESSE

O estresse, seja agudo ou crônico, tem características distintas em momentos distintos de sua evolução. Nas tradições, seria chamado de "impermanente", dada sua consistência efêmera e evolutiva. Entendido como um mecanismo adaptativo que acaba se malversando e levando a efeitos indesejados, diversas linhas de pesquisa em estresse têm desmembrado a experiência do estresse em quatro fases básicas, com mais ou menos superposição de características, a depender da resiliência e vulnerabilidade de quem enfrenta adversidades existenciais.

A primeira fase é a da *exposição*. Diversos pesquisadores têm se dedicado ao estudo das adversidades ambientais e sua relação com aspectos de personalidade naqueles que são expostos a eles. Apesar da natureza aleatória de grande parte das adversidades (os eventos de vida maiores) ou desavenças cotidianas (brigas com colega de trabalho ou vizinho), nalguns casos, pelo estilo de personalidade (padrões mais ou menos específicos de resposta a situações, também chamadas de "assinaturas comportamentais"), podemos ter uma maior chance de haver a produção inadvertida de circunstâncias adversas e estressantes. Mais ainda, determinadas maneiras de pensar, sentir e comportar-se podem tornar mais ou menos provável a ocorrência de reações e a criação de adversidades. Características que denotam a propensão a afetos negativos, como ansiedade, disforia, raiva e hostilidade têm sido associadas com hiperativações dos sistemas biológicos (orgânicos) do estresse. Também há forte evidência de que pessoas com grande abertura ao convívio social confiante tendem a produzir menor ativação desses sistemas biológicos, ao contrário de pessoas mais fechadas e inseguras.

Do conjunto de tais estudos, vemos com clareza que determinadas predisposições emocionais e padrões lógicos de resposta a eventos de vida tendem a aumentar o número e intensidade de adversidades pela própria natureza das interações sociais decorrentes dessas predisposições.

Após a exposição, os mecanismos de estresse são desencadeados, e temos o período que tem sido descrito como a fase de *reatividade*. A resposta imediata a um evento potencialmente nocivo ou danoso e envolve a percepção do evento, o quanto esse evento é perturbador, e o quanto esse evento desperta os mecanismos envolvidos no estresse (cardiovasculares, cognitivos, emocionais e neurofuncionais). Aqui, também, a propensão a afetos negativos e reações tais como raiva, hostilidade e depressão todos têm sido associados com a ativação dos mecanismos de estresse descritos logo em seguida. Os estados crônicos de depressão e ansiedade estão associados a alterações da regulação dos mecanismos do estresse e em especial da regulação cardiovascular. A abertura à experiência tem mostrado sobrevidas e qualidade de vida superiores em pessoas cronicamente adoecidas, e alguns experimentos mostram que indivíduos com abertura maior parecem ativar menos seus sistemas de estresse, enquanto pessoas mais fechadas tendem a expressar o padrão inverso.

A fase de *recuperação* diz respeito ao período em que os níveis emocionais e fisiológicos tendem a retornar ao padrão "de base" (o funcionamento desses níveis antes do evento). Aqui, vemos que a rapidez com que a normalidade emocional e fisiológica se restitui dá a leitura da capacidade de recuperação do indivíduo.

Nessa fase, vemos que a antecipação de uma repetição do evento adverso, os mecanismos fisiológicos e emocionais podem ser reativados em antecipação a ele (preocupação) e quando um evento adverso é mentalmente reimaginado (ruminado), e essa possibilidade de "superposição" de expectativas tem inspirado o termo "ativação prolongada", como já é conhecida na arte, com a tela de Salvador Dali intitulada "A Persistência da Memória". Diferenças individuais nos níveis de hostilidade têm sido associados com maior morosidade de recuperação cardiovascular após o estresse, em especial as provocações à raiva.

Nessa fase, a hostilidade se associa com uma recuperação mais arrastada nas respostas cardiovasculares e naqueles com predisposição pessimista e propensão a emoções depressivas e ansiosas, a experiência de "transbordamento emocional negativo", que pode se prolongar e evoluir a um estado depressivo. Como a recuperação é mais demorada, pode-se supor a possibilidade de uma "superposição" de adversidades: "enquanto eu ainda não me recuperei da anterior, a próxima já vem me pegar de mau jeito".

Por fim, a fase de *restauração* (ou "superação", como tem sido traduzida por alguns pesquisadores em português), onde a qualidade do sono entra como um fator de importância maior na determinação da evolução do quadro iniciado com a exposição à adversidade. Os transtornos do sono têm sido cada vez mais associados a variáveis associadas a diversas condições clínicas, tais como funcionamento imunológico, mortalidade, e susceptibilidade a diversas condições clínicas. A mudança abrupta do padrão do sono tem sido implicada em alterações na regulação emocional. Fatores como ansiedade e hostilidade têm sido associados a uma maior perturbação do sono, e a conscienciosidade, por outro lado, manifesta melhor qualidade de sono, sintomas depressivos e prejuízo de funções executivas (organização e execução intelectual e pragmática).

De uma maneira panorâmica, é possível perceber que a experiência do estresse é composta por diversos mecanismos que podem se retroalimentar positivamente, levando a ciclos viciosos, e cada etapa dessa circularidade tem seus próprios desafios, mecanismos, e que diferentes estilos de agir e se colocar em relação aos desafios sociais podem ajudar ou dificultar nosso manejo emocional das adversidades e desafios ambientais. Em cada uma das fases, ou mesmo na vigência de duas ou mais fases simultâneas, o mindfulness e suas bases pode se oferecer como uma ferramenta para o refinamento dos estilos de agir e de se colocar em relação aos desafios sociais de cada uma.

NEUROBIOLOGIA DO ESTRESSE

Nossas experiências, atuais ou de maneira especial, as que temos registradas em nossa memória, formam um cenário no qual nós nos reconhecemos como nós mesmos. Mas outro efeito que nossas experiências nos legam é a de determinadas matrizes, determinados "carimbos" (*inprints*) emocionais que tendem a nos acompanhar em momentos mais maduros de nossa vida. As experiências contemporâneas têm esse papel, mas as experiências mais remotas, mais iniciais de nossa vida (quando nossas estruturas cerebrais estão se formando e amadurecendo), tendem a formar as impressões mais profundas e mais duradouras, a ponto de por vezes moldar aspectos de nossa personalidade, aspirações e estilo de agir. E dentre essas impressões, pode haver algumas que podem determinar pontos sensíveis, algumas vulnerabilidades que podem desencadear reações pouco adaptativas, com a exaustão de recursos interiores (ou até recursos interiores insuficientes), e com isso, favorecer a instalação do estresse.

A infância e adolescência são, portanto, momentos muito férteis, onde as experiências de abuso ou privação tendem a deixar marcas muito mais profundas do que os abusos e privações que eventualmente sejam experimentados em fases mais avançadas da vida.

Dois sistemas biológicos estão diretamente envolvidos nessas marcas, ambos neuroendócrinos, o eixo simpático-adreno-medular e o eixo hipotálamo-pituitário-adrenal, que buscam a adaptação, mas que, a depender da "programação" armazenada pelas experiências precoces (os *inprints*), tenderão a "interpretar" eventos do ambiente como mais ou menos ameaçadores.

Lembrando que essa predisposição a interpretar os fatos de uma determinada maneira, também predispõe a uma reação dentro de um certo repertório restrito de emoções, e que varia de pessoa para pessoa, têm sido chamadas de "incrustação", como um emolduramento dentro do qual as ações e reações daquela pessoa ocorrerão com frequência. Por sua vez, essa incrustação promove as "assinaturas biológicas" e "assinaturas emocionais" diante das adversidades e contrariedades, as quais, a depender de sua configuração, podem acabar por gerar mais ou menos estresse.

Aqui, entendemos por "adversidade" tudo aquilo (tanto no campo objetivo e exterior, quanto no campo subjetivo e interior) que opõe resistência à minha vontade. Se essa vontade é procedente ou não, ou se eu a considero boa ou má já é uma outra discussão.

Por exemplo, essa interpretação subjetiva de todos os encontros que tenho no cotidiano, das mais expressivas e marcantes às banais e cotidianas, decorrente da incrustação biológica[26], se inspira em nossas memórias emocionais, normalmente é mais decisiva do que o evento em si. Uma atitude aparentemente hostil de algum colega, ou algum comentário ambíguo, podem ter leituras diferentes e por vezes diametralmente opostas em pessoas diferentes, indo do agradável ao estressante. E quanto mais próxima for a relação com a pessoa com quem estou presente, maior a tendência à reação ser mais intensa e passional. Nossos cônjuges e filhos são exemplos disso.

Vale ressaltar que esses mecanismos são de grande consumo energético, mobilizando muitas estruturas, produzindo e consumindo muitas enzimas e transmissores, e, em casos de uma interpretação grave ou ameaçadora, sempre podem se exaurir, resultando em impactos diversos na saúde. Uma das consequências mais bem estabelecidas

[26] Biological embedding of childhood adversity: from physiological mechanisms to clinical implications. Anne E. Berens, Sarah K.G.Jensen and Charles A. Nelson III. BMC Medicine (2017) 15:135.

desses impactos e exaustão é a Síndrome de *Burnout*, estágio avançado do consumo de recursos interiores e biológicos.

Outra estrutura que merece destaque para entender os mecanismos biológicos acionados tanto no estresse quanto no mindfulness é o Hipocampo, que é envolvido tanto na consolidação e evocação de memórias autobiográficas. Esse hipocampo, por sua vez, funciona em íntima troca de informações com a Amigdala, que é uma estrutura relacionada à regulação emocional. Ambas contribuem, cognitiva e emocionalmente, para a formação e reformulação das memórias autobiográficas (memória episódica) momento a momento, o que será importante no entendimento das bases neurofuncionais do processo de restabelecimento ("*healing*") nas práticas de mindfulness. Na verdade, a prática do mindfulness lança mão da atividade conjunta de diversas outras estruturas cerebrais, como o cortex prefronal (envolvido na percepção da própria consciência e memória, também denominada *meta-awareness*), o cortex da ínsula (envolvido com o processamento da consciência corporal, a *body-awareness*), o córtex cingulado anterior e medial (autocontrole emocional), e corpo caloso (comunicação intra e inter-hemisférica), todas elas importantemente envolvidas no processamento das experiências do mindfulness. Voltaremos a essas considerações mais à frente.

Outros mecanismos, que tem sido cada vez mais estudados no estresse, são as vias moleculares das enzimas inflamatórias, também intimamente ligadas aos eixos do estresse, e podem afetar estruturas diversas, em grau menor quando o estresse é somente emocional, mas ainda assim, podem ser relevantes. Em situações de experimentação laboratorial, o estresse psicológico mostra-se um grande gatilho para a ativação dessas enzimas (enzimas pro-inflamatórias). A inflamação celular tem sido, portanto, implicada nos agravos à saúde envolvidos no estresse, uma vez que podemos afirmar com tranquilidade que a mediação inflamatória é importantíssima nos mecanismos de desgaste do tecido nervoso central.

Um outro fenômeno associado ao estresse, e de grande interesse para nossa visada, é a constelação cognitiva associada às manifestações somáticas e emocionais do estresse. Operando juntamente com o corpo e as emoções, o funcionamento cognitivo tende a também reproduzir padrões pré-estabelecidos para tentar lidar com os impasses e limitações que a adversidade impõe. Preocupações, anseios, expectativas, rememorações de situações semelhantes anteriores, todos configuram um cenário de perseveração cognitiva (não confundir com perseverança, que só é possível para condições livres de estresse), ou ruminação, onde ocorre uma atividade mental intensa e penosa, com pouca (geralmente, nenhuma) resolutividade prática.

As memórias intrusivas (os *flashbacks*) dos quadros pós-traumáticos são a emergência cristalina dessas ruminações, só que na forma intensificada das revivescências, com a tentativa de resolução e eliminação dessa aversão, a qual, não raro, acaba não tendo qualquer efeito benéfico.

Com esse conjunto de experiências proporcionadas por estruturas do sistema nervoso central, e, dada sua plasticidade, torna-se evidente que não pode haver um fatalismo em nossa personalidade e atitudes, algo do tipo "eu sou assim desde sempre – não há nada para se fazer!". É precisamente o caminho oposto a esse: o fato de as memórias de nossa vida estarem continuamente se refazendo e se remodelando com a experiência momento a momento, e continuamente ativando essa diversidade de estruturas, permite que esse material (assinaturas biológicas, assinaturas emocionais, incrustação) esteja sempre se reescrevendo, incessantemente se inscrevendo na tela de nossa experiência subjetiva. Ou seja, mesmo dentro de uma circunscrição relativa, intitulada de "incrustação", ainda resta uma margem formidável de manobra e remanejamento, mesmo no adulto, propiciada pela adaptabilidade e plasticidade desses sistemas todos. O mindfulness surge exatamente aí, como uma ferramenta potente para promover a reconstrução de nossa vida interior, momento a momento.

Do acima exposto, pode-se concluir confortavelmente que o mindfulness é um processo que se opera por mecanismos plenamente biológicos ao mesmo tempo que é uma intervenção psicológica, desfazendo assim a necessidade de separar a experiência humana em "espiritual-metafísica" ou "psicológica-psicodinâmica" *versus* "biológica-física". Essa é uma dualidade obsoleta para quem realmente deseja acessar sua interioridade humana numa plenitude maior.

A RESILIÊNCIA, A HIGIDEZ E O BEM-ESTAR

Higiene e prevenção primária. Não é necessário enfatizar e repetir tudo o que já se tem dito sobre a importância da prevenção de doenças e promoção de saúde. Textos caudalosos, e por vezes enfadonhos, e frequentemente repletos de um ideário por subtexto, têm sido produzidos, e, para desalento daqueles que presenciam essa cena, essas ideias raramente deixam o papel, não acrescentando nada de prático para quem deseja enveredar por um caminho de restabelecimento.

Do ponto de vista de um guia rápido, basta termos em mente que a prevenção primária é uma preocupação de qualquer ator social sério dentro da saúde, seja ele médico, enfermeiro, dentista, fisioterapeuta, entre outros.

O significado cotidiano de higidez é ter boa saúde. É a ausência de síndromes, ou de qualquer outra limitação que se imponha no desempenho físico ou mental de alguém. Mas há uma diferença sutil, porém, importante, entre ter higidez e estar bem. Abandonando a ideia de totalidade, de uma saúde total ou completa, além da higidez, necessitamos reconhecer que nem todo sofrimento na condição humana vai formar uma síndrome. Por vezes, irão preceder uma doença, uma síndrome, mas, na maioria das vezes, não irão. Muitas vezes, um desconforto interior que se sustenta por algum tempo, ou mesmo uma experiência de insatisfação vaga com a vida por si só pode reduzir nossa disposição e criatividade, e com isso comprometer nossa capacidade de criar condições melhores para nossa existência, tudo isso distante de alguma doença.

Adoecer não é a única forma de viver miseravelmente.

Como nas doenças infectocontagiosas, onde temos as vacinas e a higiene como avatares, também na ansiedade e depressão, há possibilidade de oferecermos a nós mesmos oportunidades de fortalecimento de nossa disponibilidade em enfrentar as adversidades sem necessariamente evoluir para o estresse (o qual pode se associar a futuras doenças). A doença magistralmente tratada é aquela que nunca se manifesta, e a prevenção é por excelência a estratégia que trata magistralmente.

Outro conceito que é importante termos quando pensamos no mindfulness aplicado à saúde é o de "resiliência", que significa algo próximo a "suportar uma adversidade e conseguir sair de uma crise" (*restitutio ad integrum*). Contrariamente ao que podemos imaginar à primeira vista, essa resiliência depende mais de uma maleabilidade e adaptabilidade do que de uma atitude de "firmeza e rigidez". Ao contrário, na clínica vemos que as pessoas mais aferradas a ideias de enfrentamento, força e perseverança são precisamente aquelas que tendem a sair de crises com maiores cicatrizes emocionais. As que se adaptam e sabem onde ceder costumam se dar melhor. A fábula de La Fontaine sobre o carvalho e o junco ilustram bem esse princípio:

> *"Um majestoso e secular carvalho, ao ser arrancado do chão pela força de um forte vendaval, rio abaixo foi arrastado pela forte correnteza. Desse modo, levado pelas águas, ao passar diante de alguns Juncos, em tom resignado se lamenta:*
>
> *'Gostaria de ser como vocês que, de tão esguios e frágeis, não são de modo algum afetados por estes fortes ventos...'*
>
> *E Eles responderam:*
>
> *'O senhor, com sua forte compleição, lutou e competiu com o vento, por isso mesmo não foi capaz de resistir. Nós, ao contrário, nos curvamos mesmo diante do mais suave sopro da brisa, e assim permanecemos íntegros e a salvo...' "*[27].

Interessante notar que tanto o carvalho quanto o junco, ambos são feitos dos mesmos materiais (celulose, no caso), mas *o que definiu a macicez do carvalho ou a flexibilidade dos juncos foi a maneira pela qual essa celulose foi organizada em cada caso.* Semelhantemente, não há pensamentos ou emoções certas ou erradas, tudo se resume a como o conteúdo mental é organizado momento a momento. Esse conteúdo tem a mesma natureza em todos nós, e o que muda de pessoa a pessoa é a maneira de ordená-lo, o que vem sendo feito desde a incrustação biológica, e nisso o mindfulness se apresenta como um otimizador da contínua reformulação dessa ordenação, da re-ordenação.

Diante da vinda inevitável da adversidade (o vendaval), o carvalho é mais rígido, forte e *resistente*, mas o junco é mais *resiliente*, mais

---

[27] Extraído e adaptado de: "O Carvalho e o Junco". Fábula de Jean de La Fontaine, 1621-1695, poeta e fabulista francês. In: *As Mais Belas Fábulas de La Fontaine*; Ilustrações de Gauthier Dosimont. São Paulo: Impala, 1998, pp. 16-21.

adaptável ao vento, sem com isso ser menos consistente. A resiliência, portanto, mais do que resistência, do que força ou tenacidade, é uma medida de adaptabilidade, de elasticidade dos recursos interiores.

Assim sendo, podemos entrever, entre o saudável e o adoecido (imaginemos o exemplo do deprimido ou do ansioso), uma zona cinzenta em que é possível estar, grosso modo, bem, porém ao exame mais fino, exposto a adversidades (das quais é virtualmente impossível se livrar por completo), que podem ser prazos, metas, evolução de um tratamento, mudanças na dinâmica familiar, mudanças na economia e política, todas essas podendo se configurar numa adversidade a qualquer momento. Para esse campo, surgiu, nas últimas décadas, o conceito de *Bem-estar* (o *"Well-being"* da língua inglesa). É ao restabelecimento desse bem-estar que a atitude da atenção plena visa.

Do acima exposto, vimos que, em sentido mais amplo, "saúde" é algo que concerne tanto o indivíduo saudável quanto o enfermo. Pode-se propor condutas tanto para o doente quanto para o saudável. Remediar o que desandou, manter vitalizado o que está bem, continuamente se modificando para abarcar a demanda da adversidade (e do que é bem-vindo, que também pode ser extremamente demandante), e retornando ao estado anterior assim que a demanda termina. Essa dinâmica de adaptabilidade contínua (o que equivale a pensar no encontro contínuo com mudanças) não é uma virtude que é adquirida, é uma característica fundamental do ser vivo, a qual podemos fortalecer pela via de seu cultivo. A perda desse equilíbrio dinâmico (adaptabilidade contínua) é o início da experiência do estresse.

O BEM-ESTAR

A referência ao bem-estar (ou à satisfação com a vida, ou ainda, à felicidade), embora presente desde textos da antiguidade, lentamente vai sendo considerada dentro das ciências de saúde, e vai sendo incorporada e desenvolvida como uma variável clínica própria, e não mais como uma descrição fenomenológica ou literária de um estado efêmero, "hoje estou bem". Grandes avanços têm sido feitos em direção a valorizar o bem-estar dentro do entendimento da saúde. Novamente, a mera ausência de sintomas não impede alguém de levar uma vida mísera.

Vivemos uma era em que diversas mazelas foram superadas, ao menos em grande parte. Hoje em dia, só há fome no mundo por conta de um acúmulo de fatores de má gestão e entendimento precário sobre o valor da vida humana. Pela óptica dos progressos tecnológicos, pode-se dizer que a maioria da Humanidade não passa fome, e, mais ainda, o ser humano mediano tem acesso a uma variedade e riqueza de nutrientes nunca antes visto na História.

Também superamos de maneira espetacular a saúde oral e odontológica, bem como recursos terapêuticos cardíacos, para o combate a patologias como as doenças tumorais, doenças inflamatórias e autoimunes, recursos cirúrgicos refinadíssimos, resultando numa longevidade preocupante, e centenas de outras conquistas, todas louváveis[28]. Mas todo esse avanço muitas vezes não nos impede de, ao nos confrontarmos com a adversidade, vez por outra, tornemos nossa lida mais difícil e acabarmos por nos estressar[29].

A própria evolução dos estudos em psicologia, inicialmente focados em afetos e emoções negativas e vulnerabilidade a transtornos mentais, começou a voltar os olhos para a qualidade de vida, para o bem-estar e para fatores de resiliência que possam atenuar a evolução da exposição à adversidade até o estresse. Ou seja, estratégias e intervenções que promovam essas condições.

A história do mindfulness na saúde também segue esta lógica, pois tem seu pontapé inicial 1980, com o lançamento do "Programa de Redução de Estresse Baseado em Mindfulness" (*Mindfulness-based Stress Reduction* – MBSR)[30], em pacientes com dor crônica, e alguns anos depois, a "Terapia Cognitiva Baseada em Mindfulness" (*Mindfulness-based Cognitive Therapy*) para pacientes com depressão, ambas Intervenções baseadas em mindfulness, vemos também uma

---

28 HARARI, 2016.

29 The pursuit of happiness: Alternative conceptions of subjective well-being. Shmotkin Dov Understanding well-being in the oldest old (pp. 27–45). Cambridge University Press. 2011.

30 Influence of a Mindfulness Meditation-Based Stress Reduction Intervention on Rates of Skin Clearing in Patients With Moderate to Severe Psoriasis Undergoing Phototherapy (UVB) and Photochemotherapy (PUVA) JON KABAT-ZINN, PHD, ELIZABETH WHEELER, PHD, TIMOTHY LIGHT, MD, ANNE SKILLINGS, MS, MARK J. SCHARF, MD, THOMAS G. CROPLEY, MD, DAVID HOSMER, PHD, AND JEFFREY D. BERNHARD, MD Psychosomatic Medicine 60:625-632 (1998).

proliferação crescente de programas que visam a promoção do bem-estar e retificação subjetiva, como nas intervenções informadas em mindfulness, das quais são exemplos o ACT e a BDI.

Se fôssemos ilustrar essa reordenação de paradigmas (da intervenção na síndrome para a intervenção profilática) com as divindades gregas que as inspiram, certamente usaríamos as estátuas de Asclépio (aquele que intervém e cura) ao lado de Higéia (aquela que promove saúde, daí a "higiene"), cada qual favorecendo a tarefa do outro[31].

A intervenção profilática é quase sinonímica de Higiene. Higidez também deriva de Higéia, ambas compartilham a mesma raiz. As medidas de higiene se estendem tanto para os enfermos quanto para os sadios.

Higiene, em sua concepção mais trivial, envolve medidas protetivas, como lavagem de mãos, asseio, cuidado com secreções, as chamadas medidas profiláticas. Nossa noção de higiene é bastante aguçada no que diz respeito a validade de alimentos ou transmissão de doenças infectocontagiosas. Contudo, ao estendermos estas noções à nossa vida mental, vemos que somos bastante negligentes quanto ao material que cria raízes em nossa reflexão. Quando então entramos em contato com as particularidades de nosso universo simbólico e imaginário, e suas relações com o adoecer e com a adaptabilidade, é que notamos o quanto estamos "habitados" por emoções e pensamentos tranquilizadores, ou inflamados. Esse conjunto de noções e particularidades tem sido chamado de "Bem-estar Psicológico" ("*Psychological Well-being*", em inglês), e sua manutenção pode ser, ao menos em parte, de nossa responsabilidade pessoal.

Neste ponto, torna-se importante traçar uma distinção rigorosa entre "bem-estar psicológico" e "Qualidade de Vida". A qualidade de vida envolve fatores de naturezas diversas, muitas delas bastante difíceis de mensurar, tais como "acesso ao transporte coletivo" ou "saneamento básico". Embora importantíssimos, esses fatores, por serem externos, não servem para apreciar o quanto estamos bem conosco mesmos. Já o Bem-estar Psicológico dá medidas de integridade pessoal que independem tão diretamente de fatores socioeconômicos, e trabalham

31 Asclepius and Hygieia in Dialectic: Philosophical, Ethical and Educational Foundations of an Integrative Medicine James Giordano and Wayne Jonas Integrative Medicine Insights 2007: 2. P. 53–60.

com a responsabilidade individual e subjetiva. Isso torna o Bem-estar Psicológico muito mais próximo do mindfulness, enquanto a Qualidade de Vida, com toda sua importância, acaba tendo contextos e aplicações próprias.

A saúde e o bem-estar não são simplesmente dádivas que recebemos – são dádivas, sem dúvida, mas nossa participação em ambas costuma ser decisiva. Alguns de nós nascemos com algumas limitações, é verdade, mas a maioria esmagadora dos males que se abatem sobre nós pode ser modulada, atenuada ou até evitada, a depender da maneira pela qual nós nos tratamos, o que, por sua vez, deriva da maneira como percebemos as circunstâncias. E os males inevitáveis ou condições realmente decisivas, ainda, assim, podem ser minimizados em suas consequências. Ou seja, essas condições e limitações são aspectos de nossa natureza, que têm um lado inato, mas que também sofrem influência decisiva de nossa apreciação subjetiva da realidade e do mundo, inclusive de nossa saúde e bem-estar. Não são suficientes para nos privar de uma experiência de saúde e bem-estar. Algumas experiências, em especial o estresse experienciado na infância e idade precoce, podem ter uma influência decisiva no nosso estilo de reagir emocionalmente, e esse estilo pode se associar a condições de saúde precária e doença[32], mas, como veremos abaixo, por ocasião da Memória Episódica, mesmo marcas mais profundas em nosso ser podem sofrer reordenamento a partir de nossa maneira de lidar com essas marcas.

Se nós nos enxergarmos de outra maneira que não a simples e despojada, seja nos olhando a nós mesmos com censura, seja com indulgência, favorecemos com isso o estresse quando nos defrontamos com a chegada da adversidade. Enfrentar a adversidade com uma predisposição em nosso juízo de nós mesmos pode prejudicar gravemente a apreciação dessa adversidade. Esse juízo pode tanto ser pejorativo (quando nos vemos indignos), quanto arrogante (quando nos vemos altivamente), e ambos têm enorme repercussão no resultado emocional do enfrentamento emocional dos imprevistos e dificuldades.

Por outro lado, se lidarmos com o real de nosso ser, sem idealizações nem dívidas, temos condição de lidar melhor com o imprevisto, quando

[32] MURGATROYD e SPENGLER, 2011.

ele irrompe com toda sua dimensão e complexidade, vendo-o em sua dimensão real, e não distorcido por nossa visão de nós mesmos.

A visão "de nós mesmos" tem a capacidade impressionante de deformar, de colorir a adversidade com tons e formas mais ameaçadoras e maiores do que essa adversidade realmente tem. Esse tem sido o testemunho contínuo daqueles que tem praticado seriamente a atenção plena.

Portanto, como veremos abaixo, o cultivo de nosso bem-estar e harmonia interiores é uma ferramenta prática, operacional, fazendo efeito nos aspectos mais pragmáticos e corriqueiros de nossas vidas.

CAPÍTULO 2

BUSINESS, A TRAVESSIA CORPORATIVA

"É a sabedoria que busca sabedoria"

SHUNRIU SUZUKI

Neide era uma alta executiva, membro do quadro diretor de uma empresa de porte considerável, que operava num setor extremamente competitivo e com mudanças rápidas de cenário. Apesar de não ter um quadro ansioso ou depressivo, e de estar desempenhando suas tarefas e atribuições a contento, ela aspirava a ter uma atitude e postura mais serena e ponderada do que aquela que vinha tendo desde sua promoção a diretora. Notava que com isso vinha se tornando progressivamente insensível a críticas e *feedbacks* de superiores e pares, e muitas vezes se via diante de uma certa angústia por ter diante de si um repertório amplo de opções, as quais dependiam quase que totalmente de sua decisão isolada. Algumas vezes repetiu que "é melhor a raiva de obedecer, do que a insegurança de mandar".

Também ficava assustada, de vez em quando, ao dar-se conta da dimensão das possíveis consequências dessas suas decisões. Ainda era jovem, e enfrentava as decisões e escolhas inerentes à ideia de formar família e defrontava-se com o tema da maternidade. Seu sono, apetite e interesse pela vida estavam preservados. Com este cenário, procurou um tratamento não-medicamentoso, e após uma avaliação clínica (em que foi devidamente afastado um quadro depressivo ou ansioso), iniciou um programa baseado em mindfulness. Durante as oito semanas, mostrou-se motivada e dedicada, engajando-se nas práticas e mostrando *insights* encorajadores aos demais participantes das práticas. Após o cumprimento das oito semanas do programa, seguiu sua prática individual e com os chamados "grupos de manutenção" que eram oferecidos após a conclusão do programa. Numa dessas sessões semanais (a frequência desses grupos de manutenção era semanal), estava em meio a uma prática de escaneamento corporal (uma das práticas do programa, em que se exercita a atenção detida a partes diferentes do corpo). Notava que, apesar da intenção de praticar, e de ter vencido considerável distância e inconveniências para chegar ao local da prática, que algo parecia não estar "andando bem", a sintonia com o corpo parecia não estar boa. Lá pelas tantas, ouviu do instrutor que "levasse a atenção para a região entre as sobrancelhas" (glabela). Percebeu que a região estava contraída e tensa. Embora fosse uma região da mímica facial, e frequentemente associada a componentes emocionais, essa tensão lhe passava totalmente batida. Ao dar-se conta da contratura e da rigidez, sem precisar "tomar qualquer decisão a respeito", a sobrancelha relaxou, e o corpo inteiro foi invadido por uma sensação de inequívoco frescor e alívio de tensão. Ao compartilhar a experiência, ficou claro para todos os presentes que muitas vezes nós simplesmente nos darmos conta da presença de um desconforto já traz em si, sua libertação, e aquilo que muitas vezes nos aprisiona é que carregamos esse desconforto camuflado dentro da paisagem, por estarmos excessivamente colados ao senso de dever.

Aquilo que experimentamos na carne, na experiência concreta, raramente esquecemos. A experiência prática produz um aprendizado que se imprime em nossa memória de maneira inconfundível em todas as dimensões: do corpo ao organismo, do organismo aos pensamentos e emoções, e de lá de volta para o corpo, cumprindo algo que lembra um ciclo virtuoso.

*

Mendes era um oficial de alta patente que comandava o quartel em que um médico prestava seu serviço militar obrigatório de um ano. Esse médico recém-formado observava o comportamento desse senhor de cerca de sessenta anos, ainda vigoroso e voluntarioso, e sempre disposto a "dar o exemplo" de perseverança, longanimidade e estoicismo. Numa ocasião, em que o batalhão que Mendes comandava estava executando uma marcha conjunta com todos os praças e oficiais, de 25 km de extensão, ao defrontar-se com uma ladeira em subida, tratou de marchar em velocidade maior que a tropa, mostrando preparo físico primoroso para sua idade. Após alguns dias, admitiu ao médico que vinha sentindo dores precordiais, e que no dia da marcha, suportou essas dores, para manter a cena. Revelaram ser dores costais (das costelas) e não coronarianas, para sua sorte. Inquirido quanto a se ele as teria "disfarçado" no momento da marcha, disse que não. De fato, "devia haver algum desconforto", mas ele estava completamente tomado por seu dever em conduzir o batalhão. Ao desencaixar-se do presente momento, colado a um ideal de preparo físico, acabou por permitir que seu corpo (idealizando como deveria ser seu desempenho físico) inibisse as manifestações da dor, que se originavam do organismo.

ESTRESSE, CORPO E INTUIÇÃO

Todo sofrimento é, na verdade, sinal de que algo não está bem em nós. Por vezes, isso é bem percebido por nós, mas noutras vezes não. O organismo, na verdade, é quem acaba arcando com o sofrimento que nasce no corpo e suas tensões musculares desnecessárias, mímica facial angustiada, erros de postura e excessos de esforço. Toda essa conjuntura de erros e maus usos que fazemos de nós mesmos, a partir do que imaginamos e supomos que devemos ser, e não a partir do que somos, momento a momento, é o que muitas vezes vai determinar um dia mais ou menos estressante para nós, e não a natureza exata das atividades desempenhadas.

Neste sentido, de mudança de tonalidade na paisagem interior, o exercício do mindfulness nos ajuda a "sair da frente da árvore que esconde a floresta", a ampliar nossa percepção de nossa presença, e com isso, nos descolar de nossas *representações* (as marcas e valores culturais que imprimem nossas opiniões e convicções acerca do mundo). Muitas vezes, podemos estar tão colados a determinadas emoções ou ideias, e elas a nós, que ficamos impedidos de ter uma visão mais ampla e oceânica do presente momento.

Todo sofrimento passa pelo organismo, ao passo que muitas vezes, o corpo tenta evitá-lo, o que pode acabar gerando ainda mais sofrimento (à moda da "segunda flecha" citada nas tradições). Ao tentar evitá-lo, o corpo acaba fazendo com que "a emenda seja pior que a soneto".

Dentro do universo dos negócios, é importante recortar o fato de que a experiência do estresse raramente é isolada. A experiência do luto, da tristeza, da dor-de-cotovelo, da grande realização, de uma grande paixão, todas elas podem ser vividas de modo predominantemente isolado e individual, mas o desencadeamento de todos os mecanismos neuroendócrinos do estresse terá uma repercussão social inevitável.

O estresse é, durante o auge de suas manifestações, extremamente tirânico, não nos deixa espaço para a gentileza ou para o alívio dos que nos cercam, , pelo contrário, é transmitido de maneira quase imediata para a equipe. Exemplo disso são os jogos de futebol que podemos acompanhar no estádio ou na televisão. Uma jogada mais violenta, uma falta mais desleal, um pequeno engano na arbitragem, muitas vezes bastam para deixar todos os jogadores "pilhados", briguentos, reclamões e violentos.

Há experiências com primatas e com ratos, em que o confinamento num mesmo ambiente com um animal estressado acaba por produzir um comportamento inquieto e reativo a todos os demais, e, mais ainda, os parâmetros de estresse ficam mais elevados do que quando esses animais foram confinados cada um em um ambiente individual.

E semelhantemente, a velocidade com que por vezes um "surto" de estresse arrefece numa equipe também dá sinal da natureza profundamente social de nosso comportamento, e de sua necessidade crucial para nos sentirmos bem. Cultivar o bem-estar psicológico e reduzir o estresse são, portanto, estratégias a ser usadas no sentido de trazer benefício *coletivo,* a *grande parte* dos pares de trabalho de um determinado ambiente.

INTUIÇÃO E LÓGICA

Durante décadas, a "intuição" sempre foi vista como inferior ou menos eficaz que o pensamento dito "racional", o qual só faria uso de abstrações e impessoalidade. Mas vemos que na estrutura da percepção que podemos ter de nós mesmos, ela pode ser subjetiva em sua forma (elas existem em nossa consciência) e ao mesmo tempo objetiva em seu conteúdo, fonte e origem (o organismo)[33], ou seja, esse caráter dual da percepção torna a ambição de sustentar uma postura objetiva e racional de qualquer estado de mundo se torna pouco produtiva, pois deixa de lado a dimensão humana no cálculo.

No mundo empresarial, tem-se usado o termo "intuição" para expressar "uma forma sofisticada de razão baseada nos 'fragmentos' que um *expert* amealha durante anos de experiência específica sobre tarefas"[34], ou seja, algo que se obtém com tempo de experiência, e cultivo baseado na constância, sendo que essa forma sofisticada de razão é de tal maneira eficiente, que frequentemente é comercializada na forma de *expertise*.

No uso específico que tem no midnfulness, nossa apreensão intuitiva de nós mesmos pode ser tomada como "uma visão espontânea, imediata e natural do ser humano"[35]. No uso que a intuição pode ter no mundo empresarial, a partir dos avanços recentes no entendimento de ciência cognitiva, sabemos, com base em evidências robustas, que a decisão tomada com o uso da intuição pode ser mais bem-sucedida do que aquela tomada somente com uma suposta "aplicação fria" da razão (supondo que uma separação total de ambas seja minimamente possível)[36].

Isso porque a intuição, longe de ser um recurso pobre ou inferior, seria o resultado de um "apanhado geral", do consciente e do pré-consciente (do explícito e do inadvertido), formando uma rede neural mais ampla, que usaria diferentes modalidades de memória (memória não-declarativa e episódica), as quais nem sempre são plenamente acessíveis à consciência, mas que podem trazer informação decisiva a um impasse.

Ou seja, o uso da intuição (muito presente durante as práticas), desde que mantida em seu lugar de competência, pode ser responsável por uma decisão que usou uma quantidade muito maior de dados,

---

33 KATHRI, 2000.
34 ECO, 1990.
35 PAIM, 1986.
36 PRIETULA, 1989.

e não uma quantidade menor, como pode parecer à primeira vista. A intuição, portanto, aproxima-se muito da ideia da visão panorâmica, ou ampla (o "*awareness*").

Vale lembrar que validar a intuição neste contexto não significa dar asas à imaginação idílica, ou permitir-se tomar decisões intempestivas ou desprezar a cautela. Significa tão-somente que quanto mais panorâmica for minha visada interior, maiores as chances de eu não negligenciar detalhes e aspectos de importância nessas decisões. Não perceber uma irritação ou um desagrado diante de uma decisão pode enviesar decisivamente nossa decisão na direção dessa irritação ou desagrado: eu posso até reagir exageradamente (*overreact)*, e com isso tomar decisões menos sábias sobre qualquer impasse ou dilema com o qual eu venha a me deparar.

O ambiente laboral (corporações, forças armadas, hospitais, agremiações) e o ambiente escolar (escolas, secretarias, ambientes administrativos) acabam sendo o lugar onde encontraremos, *geralmente*, pessoas gozando de saúde geral boa, e sendo sistematicamente confrontadas com desafios e adversidades, e devido a essas duas características, esses ambientes acabam sendo os locais em que possíveis intervenções psicoprofiláticas e preventivas podem oferecer seus melhores benefícios.

ESTRESSE, CULPA E A HIERARQUIA

No exemplo citado acima, extraído de Cannon, em que a imagem da presa e do predador, é usada para exemplificar a adversidade, é muito comum nos identificarmos com a presa (uma zebra) e não nos identificarmos com o predador (um leão). Mas o curioso é que esse leão se encontra em situação de tanta (ou até mais) adversidade que a zebra, uma vez que a zebra se alimenta pacatamente durante dias a fio pastando a relva, e o leão tem raras oportunidades de se alimentar, e sempre vinculadas a uma caça bem-sucedida.

Transpondo a imagem para o mundo profissional, isso significa que sempre tendemos a valorizar mais o impacto que nosso superior causa em nós, do que o peso que podemos representar para nossos subordinados. Mas esse peso que representamos para os "de baixo" na hierarquia pode ser tão adverso quanto o peso que o superior nos impinge, e sob alguns aspectos, até mais.

Muitas vezes, a maneira como tratamos nosso subordinado é mais passível de gerar culpa em nós do que a raiva que um eventual superior despótico pode causar.

Isso porque, à luz da atenção plena, vemos que culpa e responsabilidade são experiências que frequentemente são mutuamente excludentes. *A culpa é o afeto que brota da dívida, da sensação de um dever fracassado.* O dever em si já tem algo de uma saia justa, é comum ouvirmos "não fiz mais que minha obrigação", o que sugere que a obrigação, o dever, não são passíveis de gratidão, são a fatura mínima da dívida, do salário que recebo ou do prestígio que me dedicam. Agora, quando esse dever não foi atendido, quando eu não fiz jus a meu salário, quando eu fiquei em qualquer posição menos do que de "dever cumprido" (incompetente, avoado, intelectualmente rebaixado, feio, desastrado – a lista é infinita), em uma palavra, "eu fui insuficiente". Essa suposição de insuficiência quase sempre fere nossas pretensões de totalidade, de absoluto. E essas pretensões feridas geram a vivência da culpa, do fracasso em nosso dever de sermos perfeitos.

DEVERES, METAS E OBJETIVOS. A TOTALIDADE E O POSSÍVEL

Longe de ser algo reprovável, essa é uma tendência inerente ao funcionamento mental que todos temos, e não é nada lamentável que tentemos dar o melhor possível. O desequilíbrio (que ruma em direção ao estresse) começa quando há um excesso dessa tendência, e forma-se um curto-circuito que se instala quando confundimos "possível" com "total". Outros adjetivos, como "perfeito", "absoluto" e similares, quando aplicados a nós mesmos também contribuem para corroer nossa capacidade de nos sentirmos bem pelo fato de haver um possível por ser feito, nosso Bem-estar, portanto.

Em nossa prática, e em nosso cotidiano com nossos pares corporativos, essa diferença entre "possível" e "total" não precisa dar espaço para a leniência, o descaramento e a má-fé. O possível, embora não absoluto, ainda é um território vastíssimo, onde passa a valer a criatividade em todo o seu fulgor. Este é exatamente o campo da criatividade: o campo do possível. Toda contemporização é criativa. Diante da adversidade, e dentro do possível, eu crio "bem-bolados", eu desenvolvo possibilidades que contemplam diversas frentes. Olhando de uma maneira bastante sintética, podemos afirmar que todo o mundo construído, as edificações, nossos valores, as medicações, os idiomas e toda a civilização foi erguida a partir do "possível" para o momento.

Dois exemplos riquíssimos dessa distinção são as tais "metas a serem batidas" e os "prazos exíguos", dois dos pesadelos da vida empresarial.

Lamentavelmente, é comum que "metas" deixem de ser objetivos virtuais, e passam a ser tratados como deveres. Essa reificação gera toda sorte de experiências amargas, e essa amargura torna-se uma adversidade de respeitável magnitude.

Existe referências na literatura antiga ao "Céu do Oriente", onde determinadas estrelas orientavam (o termo derivaria daí mesmo) os navegantes mediterrânicos em noites estreladas, apontando a direção do Oriente Médio. Essa estrela, bem como a Estrela do Norte, eram os eixos de direção, não eram objetivos a ser atingidos. Uma vez atracados no píer, os navegantes continuavam vendo o céu oriental inatingível, intangível. Caso algum deles se recusasse a viver se não pudesse atingir aquele céu, certamente morreria. Embora a alegoria seja quase infantil, muitas vezes é isso que nós mesmo fazemos quando pensamos em nossa condição, imaginamos que "cumprir uma tarefa da melhor maneira possível" é "atingir a perfeição" imaginada.

Nem perfeição, nem totalidade, nem proezas: apenas nossa possibilidade, momento a momento.

No fundo da reflexão, é comum vermos que o dever era de atingir alguma totalidade: fazer o outro totalmente feliz, ou silenciar totalmente a boca de meu censor. Já a responsabilidade é a experiência que brota de se dar conta de uma demanda com o nosso repertório cognitivo, emocional e físico, o qual não é total, é parcial, é irregular e como foi amplamente demonstrado no campo experimental, continuamente em mudança, momento a momento.

No mundo corporativo, há sempre uma tendência a se associar o estresse ao convívio com o superior hierárquico, e muitas vezes nos passa despercebida a maneira como tratamos nossos subordinados. Isso pode ser sinal de que sempre tendemos a valorizar mais o impacto que nosso superior causa em nós, do que o peso que podemos representar para nossos subordinados, mas esse peso que representamos para os "de baixo" pode ser tão adverso quanto o peso que o superior nos impinge, sob alguns aspectos, até mais adverso. Uma maneira mais rude e menos solidária com que eventualmente tratamos nosso subordinado é mais passível de gerar culpa em nós do que eventualmente a raiva que um superior despótico pode causar.

Culpa e responsabilidade são experiências mutuamente excludentes. A culpa é o afeto que brota da dívida, da sensação de um dever fracassado. O dever em si já é suficientemente constritivo e asfixiante, e tem um quê de uma saia justa. É comum ouvirmos "não fiz mais que minha obrigação", o que sugere que a obrigação, o dever, não são passíveis de gratidão, são a fatura mínima da dívida, do salário que recebo ou do prestígio que me dedicam. Experimentemos trocar a pessoa da oração acima. "não FEZ mais que SUA obrigação". Vejam a conotação de cobrança que paira sobre a ideia de dever. Agora, quando esse dever não é atendido, e eu passo a imaginar que eu não fiz jus a meu salário, ou que fiquei em qualquer posição menor do que de a de "dever cumprido", logo surgem em nossa mente os adjetivos tão conhecidos: incompetente, avoado, intelectualmente rebaixado, feio, desastrado (a lista é infinita), em uma expressão, eu fui *incapaz*, eu fui *insuficiente*. Essa insuficiência fere nossas pretensões de totalidade, de absoluto. *E essas pretensões feridas geram a vivência da culpa, do fracasso em nosso dever de sermos perfeitos.*

Essa é uma tendência de funcionamento mental que todos temos, e não é de todo lamentável que tentemos dar o melhor possível. Os agravos a nosso bem-estar, e aos dos que estão à nossa volta, no entanto, brotam quando há um curto-circuito, uma avaria nesse funcionamento, e esse curto-circuito se instala quando confundimos *"possível"* com *"total"*.

Essa diferença entre "possível" e "total" não precisa dar espaço para a leniência, o descaramento e a má-fé. O possível, embora não absoluto, ainda é um território vastíssimo, onde passa a valer a criatividade em todo o seu fulgor. Este é exatamente o campo da criatividade: o campo do possível. O apego à ideia de totalidade liquida a possibilidade da criatividade. Dentro do possível, temos a contemporização, e toda contemporização é criativa (toda, desde a composição planejada até o improviso puro). Diante da adversidade, e dentro do possível, eu crio "bem-bolados", eu desenvolvo possibilidades que contemplam diversas frentes. Dois exemplos riquíssimos disso são as tais "metas a serem batidas" e os "prazos irreais". Dois dos pesadelos da vida empresarial.

Lamentavelmente, é comum que "metas" deixem de ser objetivos virtuais e passem a ser tratados como deveres. Essa reificação gera toda sorte de experiências amargas, como as varas da Justiça do Trabalho presenciam todos os dias.

INTENÇÃO E ESFORÇO

Na experiência de mindfulness, como diversas intervenções ressaltam, o que move os moinhos não é o esforço empreendido na prática, mas a intenção que move a motivação. Nalguns praticantes com atitudes mais rígidas perante a prática, por vezes é arriscado instruir essa prática usando termos como "da melhor maneira possível" (o "*as best you can*" dos anglo-saxônicos), porque o entendimento pode ser a "melhor maneira imaginável", e não exatamente a "melhor maneira possível para hoje". "Da melhor maneira possível" torna-se um dever, um imperativo. O que costuma se seguir pode ser memorável: um esforço quase sobre-humano, uma intensificação da tensão.

Nem perfeição, nem totalidade, nem proezas: apenas nossa possibilidade, momento a momento. E isso é mais do que possivelmente podemos imaginar.

Quando nos aprofundamos nessa reflexão, é comum vermos que o dever é, no fundo, o dever de atingir alguma totalidade: fazer o outro totalmente feliz, ou silenciar totalmente a boca de algum censor. A culpa vai brotando daí.

Já a responsabilidade é a experiência que brota de se dar conta de uma eventual demanda a partir de meu repertório cognitivo, emocional e físico, o qual não é total, é parcial, é enviesado e é irregular, e como é amplamente percebido no campo experimental, continuamente mudando, momento a momento.

A intenção se insere neste ponto da responsabilidade lúcida. É inextinguível, e conduz à sobriedade construtiva, e não ao esforço aniquilador.

Em alguns textos, a questão do sucesso do personagem Super-homem, inicialmente atribuído exclusivamente aos seus poderes extraordinários e sobre-humanos, aliados à sua inteligência e galhardia, tem sido percebida com outro olhar. O fato de seu alter ego ser Clark Kent, cidadão sem qualquer charme ou talento digno de nota, sempre mediano em seus feitos e aquisições, também se oferece à identificação pelo leitor. Com isso haveria, então, uma esperança por parte daqueles que são assombrados pela ideia do tédio e mesmice, de que, tal como acontece com Clark Kent, nalgum momento, eles possam vir a realizar um feito extraordinário, e com isso redimir anos e anos de mesmice e ausência de propósito.

Há, ainda mais dois elementos essenciais nesse curioso personagem, e que se tornam patentes com a prática do mindfulness: o primeiro, de que a redenção à minha condição no presente momento está em algo que está por vir, algo que deverá chegar de outro planeta, "de fora", ou "do alto", e não algo que já está em mim, e, portanto, impossível de ser cultivado. A esperança se assesta no futuro. Há um curso que eu não fiz, há algo a ser sabido que eu ainda não encontrei. Falta algo para que eu possa extrair mais da minha presença dentro desta empresa e desta oportunidade. O que acaba ocorrendo é que eu passo a me fiar em processos de aprendizagem e no futuro, que se baseiam numa "injeção de conhecimento", e não uma estimulação exterior para o despertar de algo que já tenho em mim, antes mesmo de iniciar o aprendizado.

O segundo ponto vem ao encontro da ideia do não-julgamento (equanimidade): para considerar meu desempenho vulgar ou medíocre, num flagrante autojulgamento, é preciso que eu esteja atribuindo esse valor a mim mesmo. Estar insatisfeito com meu desempenho nada tem a ver com desmerecê-lo ou fazer-lhe esse tipo de inferência. Essa é uma forma muito sutil de autoagressão, que certamente tipifica o estresse, talvez em sua forma mais discreta, silenciosa, contínua e, portanto, destrutiva. O mediano, o corriqueiro e o cotidiano são o melhor esteio para a experiência do presente momento, não há necessidade de artificialmente, por via de um feito extraordinário, ou de um grande insight, tentar redimir-se ou emancipar-se emocionalmente dos efeitos do trabalho pouco criativo.

A AGRESSIVIDADE E AS AGRESSIVIDADES

Além da meta e do dever, outra questão que se impõe de maneira cotidiana na vida corporativa é a da agressividade. A vida corporativa será entendida aqui de maneira bastante singela, como pessoas compondo equipes, que visam tanto a perseguição de metas coletivas quanto a obtenção de objetivos individuais, sendo que ambos, interesses coletivos e individuais, frequentemente entrelaçadas, muitas vezes acabam se mostrando conflitantes entre si. A agressividade tem estado bastante em debate, em especial articulada com as estratégias da chamada comunicação não-agressiva e outros constructos que visam reduzir o grau de hostilidade, que por vezes pode comprometer a cristalinidade de condutas.

Para isso, basta entender que em grande medida, essas metas e objetivos, apesar do nome, não são plenamente "objetivas" ou "palpáveis", mas sim construídas individualmente, a partir de uma interpretação inevitável que será feita deles ao serem recebidos por seu executor. Por sua vez, essas interpretações individuais serão feitas a partir de valores e *inprints* desse executor, ou seja, de nós mesmos e de nossa interioridade (da subjetividade). Essa interioridade vai determinar em grande medida *a maneira* pela qual esses valores e metas serão *corporificados*, "encarnados", nas estratégias, na distribuição de tarefas, nas elaborações de escalas, no preparo de apresentações, nas reuniões e conversas privativas.

E por fim esse entrelaçamento de motivações e estilos de atuação acabam por determinar um certo perfil e estilo de nossa atuação no mundo corporativo. Por sua vez, esse perfil favorece uma determinada qualidade das relações humanas que construímos no decorrer de nosso trabalho e de nossa vida. Cultivar nossa interioridade é aprimorar, lubrificar as engrenagens desse funcionamento, e é um projeto de longo prazo, mas cuja execução só é possível momento a momento, e no campo emocional, onde a subjetividade predomina sobre a objetividade. *E*sse é um exemplo contemporâneo do princípio da interconectividade de que falam as tradições.

Reinaldo, um rapaz de 25 anos, conta que viu em mais de uma ocasião sua mãe recomendando a outas mães mais jovens que "conversassem mais e repreendessem menos" suas crianças, pois esse seria um caminho mais eficaz e proveitoso de educar os filhos. Reinaldo se ria toda vez que ouvia essa preleção, com um misto de ironia e ressentimento, porque ainda era capaz de sentir no lombo as chineladas que ela própria lhe havia impingido, a seu ver, em lugar de dialogar com ele. Independente da discussão sobre estratégias e segredos na criação de filhos, o que vemos aqui é que, no quesito punição/diálogo, o que determinou a qualidade das recordações foram as atitudes momento a momento, e não os ideais proclamados. Os ideais são da mesma ordem do corpo, obedecem a uma estética, a uma aparência necessária para uma aprovação do olhar generalizado, mesmo que não seja visível a nenhuma outra pessoa concreta à volta.

Trocando em miúdos, a intenção de trazer uma ambientação mais serena e harmoniosa no ambiente de trabalho é, de fato, uma ideia mobilizadora (deve ser inspiradora mesmo, uma vida mais amena é almejada a partir de uma mobilização) e apaixonante, sendo especialmente necessário que ela seja mobilizadora. E essa mobilização põe nosso ser a girar em atitudes cultivadas e sinceras, as quais só têm expressão real em gestos concretos, físicos e no tempo presente, portanto, momento a momento. Ideais não carregam em si o momento-a-momento, já a práxis, sim.

A agressividade, tal como é usada hoje em dia, não guarda necessariamente qualquer relação com a hostilidade ou violência, como comumente vemos nas tradições humanas. É um conceito que evoluiu vertiginosamente, em especial após os trabalhos da Psicanálise e das correntes psicodinâmicas acerca da agressividade, apontando-a como um elemento essencial para o desenvolvimento humano, fazendo parte de uma experiência universal que fundaria todos os seres humanos. Tomada no sentido cotidiano, traz uma confusão, pois então, além de universal e necessária, também seria nefasta para a consolidação e sustentação dos laços sociais. A guerra, tanto em sua versão armamentada (obscena e sanguinária), quanto em sua versão comercial, a guerra comercial (dissimulada e escravizadora), são a quintessência dessa visão de agressividade. Apesar de conter essa aparente aporia, a ambiguidade superficial se dissolve quando distinguimos dois sentidos que foram desenvolvidos após a psicodinâmica , e que são bastante claros na língua inglesa. Trata-se da distinção entre "*aggressiveness*" e "*aggressivity*"

Aggressiveness é a agressividade da proatividade, da iniciativa em modificar o meio em que estou para torná-lo melhor para minha conveniência. É um recurso que vem sendo usado desde tempos imemoriais. Um abrigo (uma caverna habitada, uma choça, uma cabana) é resultado de uma atitude agressiva de recolher madeiras, palhas, folhas e pedras para o alívio das intempéries, o cozimento, uma atitude agressiva para melhorar a qualidade biológica do que comíamos, a organização de normas e hierarquizações (as quais serviram inclusive para diminuir as hostilidades). Em nosso tempo, num dia quente, ligar um ventilador é uma atitude "agressiva", ou sair às comprar para fazer o jantar das crianças é igualmente "agressiva", sem trazer nada de hostil ou beligerante. A qualidade pode ser francamente construtiva e edificante. Sair de meu caminho para acudir uma criança em apuros é um exemplo magistral desse tipo de agressividade. Sentar-me para praticar, nesse sentido, seria um ato de "*aggressiveness*", que mitigaria minha propensão à "*aggressivity*".

Já o "*aggressivity*" seria a tendência à agressão violenta propriamente dita, física ou verbal, com descaso para quem ou o que possa ser prejudicado. Algo que não tem qualidade construtiva, apenas de um esperneio cego. Uma das virtudes de algumas artes marciais, desde que conduzidas por instrutores éticos e competentes, é de conduzir o pupilo da *agressivity* para o *agressiveness*: lá onde eu era um cego furioso, passo a ser um apaziguador ativo e convincente. A redução do "medo de um agressor" pela confiança que a prática pode gerar, me torna, por minha vez, menos agressivo. Essa é uma das versões contemporâneas da prática da cessação das paixões.

A "*agressivity*" navega pela ordem do esforço, enquanto a "*aggresiveness*" navega pela ordem da intenção.

A USINA, O LIXO E A IMPERMANÊNCIA

A usina

Seja uma empresa industrial, prestadora de serviços, digital ou física, seja qual for o regime societário, as tributações que lhe incidem, uma empresa, ou corporação, tem a característica de ser um ponto de transformação. A ideia de "trabalho", quando emprestada da sua origem na Física, remonta a "transformação de energia".

Seja qual for a atividade em foco, um ponto em comum é que a empresa transmuta uma demanda num produto, ou um material em outro, ou ainda, uma demanda em outra. O produto nada mais é do que a resposta estilizada da corporação à necessidade que o inspirou. Isso é especialmente visível na empresa industrial, onde o produto tem representação física, diferente da empresa prestadora de serviço, uma seguradora, por exemplo, de feições menos tangíveis no imediato.

Por ser local de transformação, usina, oficina, torna-se sempre um lugar propício à tensão, à incongruência e sempre sujeita ao acaso. Toda usina, todo ofício humano faz uso da matéria-prima e a transmuta, disponibilizando-a para uma finalidade. É, portanto, um local de contínua transformação, repleto do efeito-usina.

Atualmente, fala-se em mundo VUCA (de Volatilidade, Incerteza, Complexidade e Ambiguidade), no entanto, essas características, quando olhadas de perto, mal chegam a causar surpresa, e para alguns de nós essas características podem já ser amplamente familiares, mesmo fora do ambiente corporativo. A diferença talvez recaia sobre o fato de que, no exercício profissional, corporativo ou autônomo, exista uma expectativa de uma intervenção bem-sucedida dentro dessas variáveis.

A máxima cartesiana "penso logo existo", destinada a uma afirmação de existência, dificílima no campo teórico-filosófico, e simplíssima na concepção cotidiana, da rua, do trabalho, e muitas vezes é substituída por um certo pensamento mágico, que imaginariamente anula o que me perturba, não com um "penso logo existo", mas com um "penso logo É". Essa é a lógica da garantia.

É uma lógica implacável. Na maioria absoluta das interações humanas e transações, não é possível garantir ou prometer os resultados. É possível prevê-los, mas não garanti-los. A volatilidade das circunstâncias não permite esse privilégio. A incerteza é o nome do efeito que essa volatilidade produz. A complexidade é o nome dado ao efeito de percepção de elementos não-lineares previamente ignorados ou não-imagináveis que se impuseram no decorrer da execução de uma estratégia. A confusão de diferentes discursos e narrativas que podem ser geradas quando somos surpreendidos por um desvio de percurso daquilo que é esperado pode sempre ser entendida como a perda de nossa ilusão de linearidade, a frustração de nosso pensamento mágico (algo como "penso, logo é"), e por vezes pode levar à constatação da ambiguidade. O fato de eu pensar em algo não é, em absoluto, uma garantia de que esse algo será da maneira que eu penso.

Não é possível garantir o futuro, mas é possível assegurar as condições para que as chances sejam maiores de dar certo. Isso se passa tanto em nossa prática de mindfulness quanto na vida corporativa ou outros cenários de convívio interpessoal.

Quando o vendedor de um aparelho eletroeletrônico fornece uma garantia, ele não está assegurando que o aparelho vá funcionar adequadamente, pelo contrário, o que ele está afirmando ao fornecer o produto é que ele realmente não sabe se irá de fato funcionar. O que é garantido é o compromisso comercial, mas não o aparelho. A garantia de compra é o apanágio da impossibilidade de garantia da mercadoria.

Enfrentar um mundo chamado VUCA querendo assegurar os resultados de uma estratégia pode ser angustiante, e, portanto, estressante como poucas coisas conseguem ser. Sustentar a natureza imprevisível do desenrolar dos desenvolvimentos é dar a eles (e a si mesmo) a estatura adequada à preservação da integridade empresarial e da vitalidade emocional e física do ser humano que ocupa esse lugar.

Assim também se passa no mindfulness: a garantia da prática não é o resultado de uma sessão de prática, nem mesmo de um "conjunto da obra" de práticas, mas apenas e sempre a intenção dessa prática. E a intenção se renova momento a momento, e gera o compromisso consigo mesmo, como na transação comercial.

Ao afirmar que a tal garantia dura um ano, o vendedor nos lembra que toda garantia é condicionada, ele não tem condição de assegurar o resultado de maneira indefinia. Ele reconhece sua limitação, ele conhece o ponto final de sua capacidade. "O equipamento pode apresentar defeito". Essa é uma versão contemporânea da Lei da Humildade, de que falam as tradições.

A humildade não precisa ser entendida como uma virtude, como algo "a mais" que nos torna mais elegíveis a uma posteridade privilegiada, mas, mais acertadamente, como o efeito de uma visão lúcida de nós mesmos, incapazes de garantir o futuro, mas plenamente habilitados a nos responsabilizar pelo presente momento.

O lixo

Havia, há alguns anos, um grafite num paredão lateral de uma grande avenida em que simplesmente se lia: "Não existe lixo". Sem mais nada. Obviamente o autor do grafite sabia que existe algo ensacado em plástico, e que se acumula nos depósitos e que é recolhido pelos caminhões de lixo. Também deve estar a par de represas de detritos de mineração, e dos resíduos radiativos das usinas termoelétricas, da poluição dos oceanos com recipientes plásticos, e a agressão à camada de ozônio.

Lavoisier havia enunciado, há séculos, que "na natureza, nada se cria e nada se destrói: tudo se transforma". Nessa afirmação, temos a noção de que o dejeto de qualquer operação é a matéria-prima da operação seguinte. Assim é na natureza, e no fluxo contínuo de energia e nutrientes, mas não há razão para se imaginar que no mundo humano isso teria que ser diferente. Talvez a diferença é que no mundo humano, para que essa regra de contínua transformação e adaptação se mantenha, seja necessário, nalguma medida, a uma vontade humana em respeitar e manter as leis naturais que permitiram a nós todos colonizarmos a natureza em nosso próprio proveito. Um plástico de embalagem de alimentos é uma lâmina de salvação para evitar a contaminação de alimentos até que eles cheguem a mim.

A partir do instante que eu abro e tenho acesso ao alimento, imediatamente o plástico se torna detrito indesejado, torna-se lixo, portanto. E um lixo tóxico, daqueles que demoram para se desfazer na natureza, uma roubada mesmo. A única redenção que esse querido plástico, tão essencial para proteger nossa saúde num momento anterior, saia da indigna posição de lixo será se houver nova possibilidade para ele. Uma usina de reciclagem pode reutilizá-lo de maneiras surpreendentes. A partir do momento que esse pedaço de plástico se torna matéria-prima de uma próxima etapa, imediatamente sua dignidade é restaurada, ele passa a ter valor, ele passa a receber nossa atenção.

Em si, o plástico nada é, nem material digno, nem lixo, é o que o filósofo Heidegger chamaria a "coisa-em-si". Mas o entorno, o funcionamento à volta é que lhe outorga o estatuto. Não pelo que as pessoas pensam de um saco de lixo, mas pelo lugar que ele ocupa na orquestração do presente momento. É o momento em que ele é liberto do imaginário, e vem ocupar o lugar de realidade, do real.

Da mesma maneira, a nossa dignidade (profissional, pessoal, social, política) se manifesta a partir do lugar que ocupamos no presente momento, e não é algo que nos impingem, mas algo que brota de nossas atitudes e intenção. A responsabilidade por nossa dignidade interior é fruto de nossa atitude para conosco mesmos, e não de qualquer adjetivo, qualificativo ou tarefa que sejam endereçados a mim. Esse lugar que ocupamos pode ser preenchido por devoração, ganância e rivalização, pode ser repleto de *aggressivity* ou pode ser um lugar de composição, alteridade e cooperação, movido a *aggressiveness,* a depender da intenção que propiciamos a ele.

E essa intenção é renovada, retomada e atualizada momento a momento, não é um mote que nos leva adiante, não é um lema. É uma experiência viva, humana e biológica.

Um dos problemas que se vê com frequência na vida corporativa é a frequência com que, num setor ou departamento, só se concebe UMA forma de matéria-prima e UMA ou ALGUMAS poucas formas de produto final. Efeito inevitável (para isso basta ver a discussão nas grandes empresas acerca da tal atividade-fim e atividades-acessórias), importantíssimo para fazer frente à agilidade do mundo contemporâneo, mas podendo gerar o efeito colateral de considerar o restante como sendo escória, lixo ou refugo, a exemplo do plástico. O exemplo clássico é o setor de planejamento que envia a proposta para o setor de finanças e orçamento. "Ninguém se fala, as partes não se comunicam". O estreitamento de repertório temático e existencial dentro de uma corporação pode gerar esse emperramento na comunicação. Estresse a caminho.

Mas o ponto mais sensível é quando aplicamos essa lógica (do fazer) em nosso contexto interior, quando começamos a considerar como indesejável ou desprovido de sentido tudo aquilo que não nos é imediatamente agradável: ressentimentos recíprocos por desentendimentos, rivalidades inflamadas, maneiras menos felizes de lidar com atrações e reservas recíprocas, enfim, tudo aquilo que pode chegar a nós com matiz de sofrimento. Esses vestígios tendem ao acúmulo em nossa memória, e aqui podemos falar em memória emocional, não apenas em memória cognitiva.

Há esse efeito de acúmulo porque o estresse é um fenômeno essencialmente orgânico, e obedece, portanto, às regras do organismo.

A pressão que pode levar ao estresse é impossível de conter, como é impossível conter a totalidade da água que pode invadir os porões dos grandes navios. A solução dos navios é simplesmente bombear para fora a água que invade, e não tentar lutar insanamente para conter o inevitável: a pressão da água contra o casco. Essa pressão no casco é o outro lado, o subproduto da flutuação: a água vai pressionar o casco. A pressão profissional é o subproduto de estar disponível, "estar numa determinada situação" é condição necessária e suficiente para receber o ônus e o privilégio "estar lá". Previsível e certo.

O mundo pode ser VUCA, mas a pressão não é imprevisível nem incerta. Ela virá no pacote. Não adianta pedir que as adversidades e pressões não venham: elas virão porque isso é o que elas fazem, elas vêm. O caminho para evitar o estresse é de acolher as adversidades (interiores, exteriores) com nossa consciência, com nossa continência.

Condicionar nosso bem-estar a sermos tratados com gentileza ou educação pelo outro , ou às condições se tornarem favoráveis a nós, é uma armadilha que fatalmente conduzirá à frustração e ressentimento. É realmente muito agradável quando, no caminho para o trabalho, experimentamos cordialidade e gentileza de outros motoristas no trânsito. Mas, definir que é essencial que ninguém me aborreça no caminho para estar bem naquela manhã é tornar o estresse algo líquido e certo para as próximas horas.

É muito desgastante, ou até arriscado, desejar que o outro, ou o mundo, ou até mesmo o mindfulness se tornem aquilo que me parece adequado ou conveniente. Até para aqueles que já têm uma prática de algum tempo, sabem o quanto é comum nos surpreendermos achando que nossa prática está "errada", ou "não foi boa", ou "hoje não é o dia". Essa surpresa nada mais é do que a tendência a querer que nossa prática seja o que nos parece adequado ou conveniente.

O cenário interior é essencialmente subjetivo, não é composto de "fatos objetivos", mas sim de "representações e percepções de fatos", são os "pensamentos", que não têm consistência própria, e que se sucedem continuamente. A subjetividade, embora desconsiderada ou até desvalorizada em algumas formas de conhecimento e de filosofia de liderança, subsiste na experiência humana como uma tintura de intuição, como um matiz que subjaz às decisões, não raro, de maneira inadvertida e tem, inesperadamente, influência decisiva nas escolhas feitas, supostamente objetivas. Aproximar-se dela, preferentemente, fazer contato desinibido com ela, pode oferecer uma estabilização e um bem-estar que podem, por sua vez, acabar sendo decisivos nas encruzilhadas que o imponderável frequentemente nos impõe.

DNA SILENCIOSO: DO "*TRASH*" AO MICRO-RNA

Há algumas décadas, chamava-se oficiosamente o DNA não-expressor (aquela parte da molécula de DNA que não produz qualquer gene, não tem "atividade expressora"), antigamente chamada de "*trash-DNA*" (DNA-lixo), embora oficialmente se usasse o termo mais polido "*structural-DNA*" (DNA estrutural), ou "*silent-DNA*".

Com o avanço das técnicas e conhecimento da epigenética (os mecanismos que regulam o DNA), finalmente, chega-se à descoberta de que pequenas porções de RNA (antigamente creditadas como resíduos de ácidos nucleicos à deriva) têm a função de regular o funcionamento da porção expressora do DNA. Ou seja, o que era chamado de lixo veio a se revelar como um importantíssimo regulador (que regula, acionando, inibindo e modulando o funcionamento) do DNA expressor, sendo um promissor agente de *regulação epigenética*. E é possível que venhamos a descobrir ainda mais atividades desse micro-RNA do que o inicialmente imaginado, já que o DNA "silencioso" representa uma parcela imensa do material genético.

Não existe lixo: existe ignorância.

A IMPERMANÊNCIA (O CARÁTER PROVISÓRIO)

Em nossa lida corporativa, é comum trazermos conosco diversos resquícios, diversos vestígios de atritos, contrariedades, arbitrariedades, discórdias, e, especialmente, onde antevíamos escombros de situações como consequência de algo que não foi percebido pelos demais pares, e após o resultado nocivo, tivemos que arcar com o resultado que já havíamos antecipado. Esses resquícios, na forma de frustrações, desgastes e ressentimentos, são produção inevitável do convívio humano e são parte integrante do citado "mundo VUCA", em que as responsabilizações e culpabilizações podem ser tão efêmeras, improváveis, complicadas e ambivalentes quanto os elogios e admirações, ou o próprio ambiente.

Uma saída para evitar esse acúmulo, sempre produtor de estresse, é compreender (aqui tanto no sentido de "entender" quanto de "abarcar", "incluir", como no inglês *comprehend*) essas experiências indesejadas, mas ao mesmo tempo, inevitáveis, e inclui-las no cardápio de nossa experiência rotineira. Contar e acolher essas experiências como parte do cenário.

Ao praticar, não-julgando e acolhendo com equanimidade todos os desdobramentos da experiência interior, além de tranquilizá-los ao estilo "lidar com emoções difíceis", também se está restituindo-lhes a dignidade, como matéria-prima para a elaboração de um repertório que seja benéfico e construtivo para os pares e para a própria saúde ambiental de nosso trabalho. É elevar as emoções difíceis da categoria de "algo menos aprazível a ser embalado e aceito", para algo *dignificado*, uma sinalização da fertilidade vital à frente. As pedras de sofrimento são os tijolos da construção da existência, assados momento a momento através de uma atitude aberta e receptiva à nossa própria condição como peças de engrenagem (peças animadas, vivas e capazes de criar) num mecanismo maior, coletivo.

Não existe lixo, portanto, nem físico, nem mental, e da mesma maneira pela qual a prática da atenção plena "nunca volta vazia", também a atitude receptiva e serena não voltará vazia, sempre irá, em seu devido tempo, e em seu próprio ritmo, transmutar a frustração e o dejeto na "matéria-prima da próxima etapa". Só não será eventualmente na velocidade que achamos ideal, mas será naquela da maturação da experiência, e sempre será um momento oportuno.

Ao se pensar em "impermanência", existe a dimensão de que "tudo passa", mas também a dimensão mais profunda de que o presente momento, com suas mazelas e glórias, é o esteio de novos estados-de-mundo[37], sejam sentimentos, emoções, ideias, insights, sonhos, dê-se o nome que melhor convier, e que certamente se formarão à nossa volta. Longe de ser uma promessa, é a constatação da natureza de nossa presença, de nosso funcionamento inato.

---

[37] MASI, 2002.

O ambiente laboral, portanto, é um dos "biomas" mais disseminados e comuns na experiência de convívio humano, e, paradoxalmente, é tipicamente frágil, volátil, incerto e ambíguo. A importância potencial do mindfulness em tais ambientes é a capacidade massiva de "contágio", de "contaminação" de estados afetivos negativos, potencializando a toxicidade desses ambientes, amiúde repletos de prazos, atribuições, responsabilidades recíprocas, sempre configurando um "barril de pólvora".

Mas na exata medida e proporção, pode também ser o local por excelência onde a prevenção do estresse pode se dar magistralmente, pela via do cultivo do bem-estar psicológico. E o mindfulness novamente surge aí, como um competente meio hábil para tanto.

CAPÍTULO 3

A EDUCAÇÃO: O TRASLADO DO CONHECIMENTO

> "Nós temos a tecnologia, podemos fazer, mas... cadê os homens sábios?"
>
> DAISETZU TEITARO SUZUKI, "A Zen-life"

Simone descreve seu primeiro dia de trabalho como o mais marcante de toda sua carreira. Entre recordações que tece sobre sua atuação com alunos específicos, ou em lidar com grupos de alunos que necessitavam de atenção redobrada, ainda assim, guarda a memória de seu primeiro dia de trabalho na função de professora como sendo um ponto marcante de sua trajetória. Com o convívio e difusão de conversas, entrevistas e diálogos, um cenário bem maior se descortinava, com momentos de grande tensão e desafio, e períodos de grande satisfação, alguns frustrantes, e outros tintos de uma sensação de clara maestria e gratificação na interação com os alunos.

Apesar de inúmeros outros dias de trabalho, seu primeiro dia ficou marcado como um sinalizador em sua vida. Outros dias, até mais demandantes, não tiveram o mesmo valor de marco, de ponto de referência para Simone.

*

Um aspecto importantíssimo em nossa experiência acumulada, e naquilo que podemos declarar do que lembramos em nossa vida pregressa e atual, é que o que produz marcas em nós não são elementos *objetivos* de nossa vida, mas a *interpretação subjetiva* que damos a esses elementos objetivos, e o consequente entorno emocional que tecemos à sua volta.

Toda percepção possível de ser notada é um fenômeno objetivo (por seu conteúdo, sua forma e sua origem) e ao mesmo tempo subjetiva (elas existem, ou se manifestam em nossa consciência)[38].

Alguém que registrasse esse seu relato, e que estivesse ávido por experiências marcantes e intensas, talvez se decepcionasse com a aparente persistência de um relato tão simples e tão pouco sensacionalista, tal como "o primeiro dia" como sendo o mais "marcante": seria mais entusiasmante que tivéssemos uma narrativa em que nossas memórias e recordações autobiográficas se fizessem a partir de elementos objetivos e coletivamente partilhados, e não pela subjetividade silenciosa e singular de nossas interpretações. A narrativa construída a partir de elementos objetivos e coletivamente partilhados, é a base intelectiva da postura *épica*. Eric Kandel, em seu livro "*In Search of Memory*", localiza todo o empenho da neurociência em quase cem anos, desde Ramon Y Cajal, até os dias de hoje, como uma cuidadosa abordagem à capacidade humana de estocar, administrar e evocar memória[39]. Nesse sentido, o quadro de Salvador Dali, intitulado "A Persistência da Memória", parece acomodar magistralmente a memória como a "sede" de nossa vida anímica. Mais à frente, voltamos ao tema da memória associada a outros elementos do mindfulness.

Embora não seja formalmente anunciado como VUCA, o ambiente escolar é também aquele em que vamos encontrar jovens com idades entre a infância e a adolescência final, e profissionais envolvidos na Educação. Basta o cenário aberto para que possamos todos vislumbrar a volatilidade, a incerteza, a complexidade e a ambiguidade, cada aspecto sendo individualmente visível no contexto da Educação.

A TRANSMISSÃO DE CONHECIMENTO COMO UMA TRAVESSIA

A atividade de professor, em especial a de professor do ciclo básico, envolve uma série de treinamentos e preparo, não se resume a "dar aulas" e "atribuir notas", ou, melhor dizendo, dar aulas e atribuir notas

---

[38] PAIM, 1983.
[39] KANDEL, 2018.

envolve um conjunto bastante mais amplo de decisões, engajamento e participação do professor mesmo fora da sala de aula.

Um paralelo com o ofício de professor seria o ofício do músico, onde, se entendermos a jornada do músico como sendo algo simplesmente reduzido às apresentações musicais, negligenciaremos outros aspectos, tão importantes quanto (ou até mais), como é o estudo do instrumento, a repassagem de repertório, o cuidado com os materiais, os treinos, os ensaios, e se negligenciamos isso tudo podemos acabar entendendo o ofício de músico como apenas "chegar lá, tocar e pronto! – são só duas horas..."

Os professores frequentemente estão envolvidos em atividades de supervisão de outros professores, senão também operando na gestão da educação (da escola, da secretaria, de onde seja), coordenação de ações, e inclusive envolvidas em decisões e estratégias que por vezes envolvem a saúde mental e física dos alunos.

É bastante comum que, a despeito do que rege o contrato formal de trabalho, recaia sobre o professor algumas expectativas e ideias culturais, que muitas vezes ultrapassam o exigível em outras profissões. É claro que, por detrás de profissões que lidam com o ser humano como seu objeto de trabalho, (em especial, área de saúde e de educação), não é raro encontrar alguma forma de motivação muito forte, um "gostar de gente", que é uma motivação indeclinável: com mais jeito de sintoma do que de privilégio. Mas por vezes, a expectativa dessa vocação ultrapassa em muito o que é razoável e humano se esperar de um educador, que ele ature com mais galhardia e estoicismo os equívocos e desvios do cotidiano. O professor teria mais "humanidade" em si, ele aguentaria mais desaforos e desavenças. Uma idealização arriscada. Especialmente quando sustentada pelo próprio professor, ou por gestores menos do que competentes.

Quando falamos do estresse e sua transmissibilidade anteriormente, foi ressaltado que pode haver uma retroalimentação de estresse nas relações humanas, e como no ambiente corporativo, o ambiente pedagógico também acaba como um barril de pólvora, se não para *brigas ou violência*, do lado dos alunos, ao menos para o *estresse* do lado do professor.

A transmissão de conhecimento é intricada. Nosso modelo de educação e instrução, várias referências afirmam, deriva-se da revolução industrial. Ruben Fonseca cita a educação como um pinheiral, ou um eucaliptal, onde produzimos árvores análogas e equidistantes, prontas à produção industrial[40]. Na antiguidade, a instrução era feita paulatinamente, e durante o convívio entre pupilo e mestre. Nosso modelo atual, industrializado e massificado em grande escala, é inevitável, não é possível dedicar tanta arte ao ofício de ensinar quanto o professor muitas vezes gostaria. Embora, como já dizia Freud, educar seja um dos ofícios "impossíveis", pois envolve uma imprevisibilidade ampla, algumas contribuições o mindfulness pode oferecer aos educadores estratégias de contemporização desse cenário.

A operação mínima da educação é um emissor, inicialmente o professor, e um receptor, a princípio o aluno, e um tema em trânsito entre ambos os polos. Alternativamente, o emissor é um professor e o receptor outro. Levando o dispositivo a desenvolvimentos mais adiantados, tanto um polo como o outro podem funcionar simultaneamente como emissor e receptor. Todas estas variantes, como nos exemplos citados anteriormente no livro, configuram uma travessia de saber. E por onde este saber é trasladado?

CONHECIMENTO E SABEDORIA (NOUS E GNOSIS)

A primeira é Gnosis (de onde derivam as palavras agnosticismo, agnosia e diagnóstico), que é a forma de conhecimento que é acumulável, quantificável, demonstrável e transmissível. Ela é mais precisamente traduzia como *conhecimento.* De tal maneira é demonstrável, que uma das formas de sua construção é o logos (lógica), como veremos adiante. Ela se inicia em *tábula rasa,* e é construída, peça por peça, a partir do que recebemos do outro nos diversos momentos de nossa vida, até mesmo no autodidatismo. E é no período da experiência didática escolar até os mais avançados cursos e estudos universitários que sua construção se faz mais intensamente. A segunda forma é chamada pelos gregos de *Nous,* e é mais próxima à ideia de *mente* (para**noia**, mente-paralela), ou senão, de *sabedoria.* Não tem um componente propriamente cultural que lhe fomente, tendo mais uma característica

---

[40] PAIM, 1986.

inata e espontânea à nossa natureza. Podemos afirmar que, enquanto o *gnosis* é acumulável, o *nous* é cultivável.

Todas as metáforas que envolvem musculação, ou todas as bases atitudinais arroladas como essenciais de ser cultivadas, todas passam pela ideia do cultivo, do *nous*, portanto. Nesse sentido, vale a pena acrescentar que alguns esforços louváveis por se atingir uma "erudição em mindfulness", para se formar "*experts* em mindfulness", têm que lidar com essa aporia fundamental: as intervenções baseadas em mindflness passam pelo *gnosis*, e a aprovação em sua pontuação também. Mas a urdidura, o núcleo do mindfulness, é um fenômeno essencialmente noético, ou noemático (relativo ao *nous*).

A TRAVESSIA PEDAGÓGICA

Toda a atividade de *entrega de conteúdo* (de *travessia de conhecimento*) não deixa de ter a característica básica de uma retórica[41], no sentido de uma promoção de convicção, de uma persuasão. O exercício da atenção plena aplicada às atividades em sala de aula (e com os pares também) pode contribuir para uma redução das chances de eclosão de estresse.

A primeira forma pela qual é possível escorar-se na sabedoria do presente momento nessas situações é acolher o diálogo, ou a aula, ou a reunião com solidariedade (com empatia, do *Pathós grego)*, acolhendo e permitindo que o que quer que seja que esteja se passando, que se passe funcionando de maneira independente e por vezes claramente distinta da sua, *sem, no entanto, permitir que essa alteridade se torne num desafio às suas opiniões e valores.*

Ambas formas de convicção, a opinião e o valor, são modificáveis, sendo até saudável que isso ocorra dentro de certos limites, mas um dos pontos essenciais aqui é que, por mais desagradável ou até tóxico que um esteja sendo para o outro, ainda assim, há diversos elementos em comum, que têm o potencial de criar liga, que são elementos inatos, da nossa espontaneidade partilhada, e que permite uma comunicação que se dá por debaixo das diversas "camadas" de sedimentação humana,

41 LIN, 2019.

social e psicológica, que ambos já sofreram previamente ao encontro atual. Essa é a humanidade compartilhada.

Não se trata de concordar com tudo que se diz, não se trata de fazer vista grossa para o que não nos parece idôneo, mas sim, manter-nos conectados a essa comunicação mais profunda, a qual, onde é possível reprovar ideias e opiniões, sem reprovar o emissor da opinião, sem reprovar o ser que no momento emite a opinião.

A TRAVESSIA DA ADVERSIDADE

Ao manter-se acoplado ao embate de ideias e de posições, como é a regra nas reuniões de equipe, é sempre um risco perturbar-se interiormente, e isso dependerá, num grau menor, dos seus valores, mas principalmente, de como você sustenta seus valores quando estes estão desconsiderados numa conversa ou reunião. Resume-se a lidar com emoções difíceis. Não basta engolir em seco (embora muitas vezes é o que restará a ser feito, ao menos imediatamente), morder os lábios e estoicamente manter a irritação debaixo da pele. Chances maiores são de que você disparará todos os mecanismos de enfrentamento dos quais você dispõe, mas o estresse (e toda sua toxicidade) já estará engatilhado e operante. As estruturas que sustentam as repostas de estresse farão o que são programadas para fazer: dispararão seus mecanismos, à revelia de qualquer idealismo, por mais louvável que seja.

A segunda forma de acolher o presente momento na vigência da adversidade, diante do debate inabordável ou as emoções difíceis, é simplesmente acolhê-lo. A princípio essa forma pode soar como um truísmo, mas a decisão ética de levar sua consciência até a respiração (ao organismo, portanto), em si, pode promover o descolamento que se mostra tão necessário para a restituição da lucidez. E essa lucidez, acolhida pela respiração, pode se revelar como um retorno imediato ao cenário onde uma ideia é só uma ideia, uma emoção é só uma emoção. E essa decisão, de onde levar sua consciência momento a momento, origina-se na "ética", derivada do *ethos* grego.

MORAL E ÉTICA

Neste ponto, vale a pena notar que, enquanto a moral aponta para um princípio rígido, que já é dado na forma de um ditame prévio, tendendo a ser imutável com o tempo e contexto, a ética, no sentido do mindfulness, é um conceito mais sutil, que se assesta por sobre o conceito de moral e moralidade, e que se reconstrói momento a momento, pois não tem um roteiro certo, dizendo muito mais respeito a como respondemos ao desdobramento da experiência viva do que a um código previamente estabelecido de conduta.

Uma vez que me encontro irrepreensível de um ponto de vista moral (quando não estou infringindo qualquer norma ou qualquer lei), a ética (neste contexto também chamada de meta-ética) surge com a questão "o que estou fazendo quando faço isto agora"? Esse é o segundo degrau, a próxima passada em nosso percurso ético, a saber, o que eu realmente faço de minha existência, tanto para mim mesmo quanto para os que estão ao meu alcance[42] ?

D.T. Suzuki afirma que "ser recompensado por ser bondoso não é bondade. Logo, ser bondoso não paga"[43]. A bondade ou a generosidade só pode advir a partir da metaética, da decisão ima do ser.

Aliás, tomada secamente, e sem a modulação do presente momento se desdobrando continuamente, conforme acima descrito, a moral pode acabar por perder sua finalidade de origem e vir a se tornar mais uma fonte de estresse, mais um manancial de deveres e atribuições.

O ALUNO COMO BALUARTE DA EFEMERIDADE

Marta era uma professora experiente, com diversas décadas de sala de aula, com uma desenvoltura que a satisfazia. Instada a descrever um evento profissional que lhe tivesse sido marcante, trouxe a história que testemunhou de uma aluna sua que, no início de seu ano letivo, era extrovertida e comunicativa, padrão esse que perdurou até o fim do primeiro semestre. Após o intervalo de meio de ano, a mesma

---

[42] DAVID, 2018.

[43] SUZUKI, 1949.

aluna apresentava outro semblante, menor disponibilidade ao contato com os demais, atitudes mais reservadas e vigilantes. Genuinamente curiosa e preocupada (estabelecera-se um vínculo afetivo inevitável) acerca da mudança, veio a saber que a aluna estava sofrendo abuso doméstico, para o qual medidas cabíveis mostraram-se necessárias. Após algum tempo de instabilidades familiares, das quais Marta tomava conhecimento por via da mãe e de sua aluna, soube que, por fim, ela teve que se mudar de seu primeiro endereço, junto com sua mãe, em caráter definitivo. Nunca mais teve notícias, nem da criança nem da mãe. Além do impacto emocional imenso, o caráter súbito das mudanças também pegou Marta de mau jeito. Antes, uma situação familiar que lhe perturbava o sono, cheia de nuances e lances imprevisíveis, e, num piscar d'olhos, tudo era passado. Sem mais aluna, sem mais mãe, sem mais estresse: um vácuo. A sensação de vazio só não ultrapassava, em sofrimento, a sensação da dor da história testemunhada. Havia sido um ano abrupto, tomado de vivências intensas, adversas, instáveis e imprevisíveis.

A falta de previsibilidade ou de controlabilidade da adversidade ou do desafio é fator decisivo para a intensidade de seus efeitos sobre nosso bem-estar, e a exigência de continuamente adaptar padrões cognitivos e comportamentais às demandas internas ou externas, quando percebidas como sobrepujantes ou ameaçadoras, acabam por consumir quantidades imensas de energia[44].

Um dos elementos que mais intensamente podem se abater sobre a atividade pedagógica é a imprevisibilidade que brota precisamente das características da população atendida. Imprevisibilidade emocional, imprevisibilidade biológica (toda criança pode se tornar, a qualquer momento, um adolescente, e todo adolescente pode se tornar, a qualquer momento, um pós-adolescente). Imprevisibilidade biográfica (mudança de endereço, falecimento), instabilidade emocional. Qualquer desses fatores, se tentarmos controlá-los, ou enquadrá-los nalguma forma de conhecimento, ou trazer alguma forma de manipulação deles, a tentativa fatalmente desembocará numa fonte de estresse, para o aluno, para o educador e para ambos.

---

[44] MCEWEN, 2002.

Esse aprendizado, experimental, que não entra na ordem do conhecimento, mas ao qual o professor está sujeito, tanto quanto o aluno, tem sido explorado por algumas *Intervenções Baseadas em Mindfulness*, a partir do modelo de Ciclo de Aprendizado de Kolb, bastante aplicado em algumas Intervenções Baseadas em mindfulness, sendo que tal modelo parte da experiência *direta* (ou seja, não mediada), mantém a reflexão nessa experiência, dela derivando seus insights, e a partir daí, a intervenção na experiência direta. Essa forma de aprendizado é concebida, desde seu autor, como um processo, muito mais do que um resultado, ou um desfecho[45]. A proximidade entre o que a atenção plena visa promover na experiência anímica e o que o modelo acima procura desenvolver não precisam ser vistas como uma curiosa coincidência, mas sim, o co-surgimento de instrumentos que visam recuperar a vitalidade que brota do cultivo do *nous*, do ser, num mundo acadêmico-didático cada vez mais acirrado e gerador de adversidades.

Ciclo de Aprendizado de Kolb

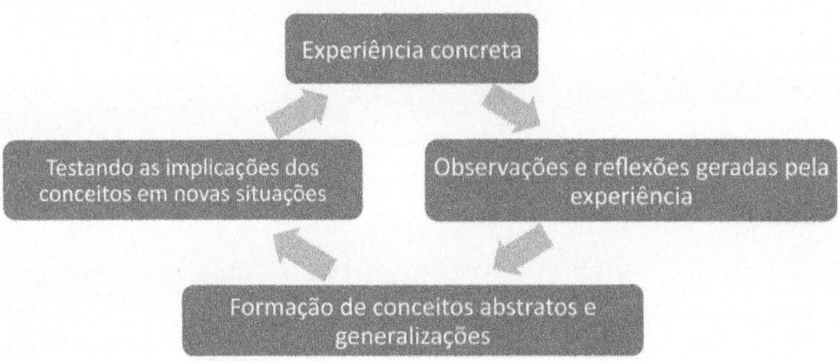

Extraído de: Vince, R. *Behind and beyond Kolb's Learning Cycle*. Journal of Management Education, Vol. 22. No. 3, June, 1998, p. 304-319.

Assim sendo, na travessia pedagógica, em que se assiste à lenta metamorfose biológica e social dos alunos, ao mesmo tempo em que percebe, de maneira mais lenta, a passagem do tempo no próprio

---

45 VINCE, 1989.

professor, ao mesmo tempo em que há a entrega de um conteúdo cognitivo objetivável, há dois aprendizados em jogo: o aprendizado didático, predominantemente voltado para o aluno, e o aprendizado estrutural, predominantemente afetando o professor, e ambos podem contribuir tanto para o estresse quanto para o caráter promotor de bem-estar, a depender da postura interior que se cultiva no decorrer desse processo.

Nesse contexto, o ponto crucial de Kolb é precisamente resgatar os dois aspectos acima, angulares ao praticante engajado de mindfulness, e que têm muito mais fundamento experiencial do que podem parecer à primeira vista. O primeiro aspecto é que, por ser um processo, não traz em sua estrutura a possibilidade de uma conclusão, apenas de um relançamento de questões e amplificação do universo de experiências que alavancam esse processo. Ou seja, propõe um mecanismo de contínuo remanejamento e adaptabilidade, impermanente e sempre renovado. Essa aplicação ultrapassa em muito a natureza do ambiente em questão, e nos remete à nossa própria condição de existência. O segundo aspecto é que o aprendizado envolvido no ciclo de Kolb lida mais com o *nous* do que com o *gnosis,* muito mais claramente associado à sabedoria do que ao conhecimento. Assim sendo, as práticas e programas de mindfulness, e mesmo suas partes psicoeducativas, incidem muito mais intimamente na subjetividade, na interioridade, do que em aspectos objetiváveis. Com isso, vemos que a tarefa de exercer as funções de professor, e em menor medida, a de aluno, se recobre da perspectiva de um grande alívio e redução de estresse, bem como de disseminação de bem-estar, que torna a tarefa de ensinar como potencialmente motivadora e empolgante, à revelia dos desafios impostos pela estrutura do ensino. Essa perspectiva de alívio e motivação se distribui por toda e qualquer abordagem pedagógica, e não oferece qualquer obstáculo ou impedimento ao desenvolvimento dos programas e projetos educacionais.

O LÚDICO QUE TRANSFORMA

Uma imensa lição que se pode extrair de se juntar diversas crianças e adolescentes com o intuito de transmitir informação e valores é o fato de se ter um imenso cenário humano, em formação, e não raro, repleto de todos os afetos que estarão presentes na vida das crianças até a idade provecta.

Uma experiência extremamente difundida entre professores é o quanto existe de convívio nas entrelinhas, nos momentos vagos da atividade em sala, bem como a riqueza do convívio entre os alunos durante os intervalos da transmissão de conhecimento. Olhares, risadas, gestos, interações.

Há muito que se conhece o efeito do jogo, da diversão sobre o estado anímico dos animais e humanos. O velho aforisma que diz que na natureza, os animais "ou estão buscando alimento, ou estão envolvidos em sua reprodução", de inspiração na ideia da "luta pela sobrevivência", já tem há muito tempo encontrado contestação em diversos experimentos que exploram o interesse e a motivação animal e, com um grau muito maior de complexidade, a motivação humana. Mamíferos e em especial os primatas expressam curiosidade *per se*. O próprio texto de "A Origem das Espécies" dedica um capítulo inteiro à "Luta pela Existência", e em seu final afirma que "os vigorosos, os saudáveis e *os felizes* sobrevivem e se multiplicam"[46]. Quando nos atentamos com cuidado à frase, percebemos que Darwin fala em "existência" além de "sobrevivência", e acrescenta, em suas considerações finais desse capítulo, a ideia da saúde e felicidade como elementos decisivos para a reprodução.

Retomando a consideração sobre saúde e bem-estar, vemos a importância intuitiva que já era dada à saúde e à felicidade, juntamente com o vigor como fatores de adaptabilidade. A felicidade a que Darwin se refere é a felicidade que se assesta no ser em "luta pela existência", ou seja, não é entendida como uma benesse que vem de algum lugar fora do ser, mas como algo que pode fazer parte do ser. A felicidade humana aqui pretende descrever uma percepção de si mesmo que está emancipada da tentativa de controlar o mundo exterior e o mundo interior. Se entendemos que a característica que melhor ilustra os seres vivos é sua adaptabilidade (é disso que Darwin trata, no final das contas), um estado final e ininterrupto de prazer e alegria é completamente distante de qualquer alcance e interesse das práticas contemplativas.

---

[46] DARWIN, 2004.

Há diversas observações que mostram que, em muitas ocasiões, mesmo animais em liberdade parecem deter-se em atividades que não trazem nenhum benefício nem à sobrevivência, nem à reprodução. São atividades claramente da ordem do entretenimento, da brincadeira. Em muitos casos, é difícil discernir um comportamento de sobrevivência de um comportamento lúdico, a exemplo dos felídeos, quando capturam uma presa que se torna indefesa, e postergam a hora de abatê-los, ao ficar brincando de "gato-e-rato".

No ser humano, embora tenhamos as atividades "profissionais" (aquelas que me dão dinheiro, e não necessariamente gratificação) e os "passatempos e hobbies" (aqueles que me dão gratificação, e não necessariamente dinheiro), em muitos casos a dimensão lúdica e a dimensão laboral se misturam, se imiscuem, tornando-se difícil discriminar uma da outra[47]. Quem nunca se irritou na execução de seu passatempo, e quem nunca se sentiu realizado, mesmo que apenas com a sensação de maestria conquistada pela tarefa cumprida? Por outro lado, muitas vezes se presencia pessoas que são remuneradas por executar algo que as realiza profundamente, por exemplo, os artistas como um todo. Ou seja, tanto quanto no mundo animal, quanto nas atividades humanas, pode ser difícil distinguir entre o comportamento lúdico e o da subsistência[48], havendo entre ambos uma zona cinzenta ampla[49].

A prática de mindfulness, quando não mais vista como uma novidade em nossa vida, ou como um modismo do momento, e passa a fazer parte das atividades cotidianas, e a atenção plena vai se tornando progressivamente imiscuída às atividades triviais e às extraordinárias também, e vai-se então percebendo tanto o caráter lúdico quando o aspecto necessário da atenção plena, ambos presentes tanto na prática quanto fora dela. Ao mesmo tempo que é algo cujas consequências me fazem cultivar grande respeito e honradez por essa prática, e das quais tenho feito amplo uso em minha vida cotidiana, também é algo cuja singeleza e redenção são tão desencanadas que trazem um aspecto lúdico, de recreio, havendo algo de profundamente prazenteiro, não em uma única sessão de prática, mas no fato de sustentar essa prática no decorrer da própria vida.

[47] MCEWEN, 2002.
[48] DAVID, 2018.
[49] WILSON E SCALCO, 1995.

Como o recreio era bem-vindo! Muitas vezes, era o ponto alto do convívio social, hora de correr, de pular, de viver a amplidão! As aulas eram para se prestar atenção, ficar sentado e não conversar com o colega. O recreio era para não se prestar atenção a nenhum tema, ficar para cima e pra baixo, de um lado ao outro, e para conversar até a garganta arder!

A meditação atende a ambas as buscas humanas: tanto o sentido lúdico quanto o sentido de uma atividade a ser levada a sério. Desafiador para o entendimento, facílimo de se experimentar[50,51].

Nietzche[52] falava sobre nossa perspectiva humana, quando fazemos parte do cenário (o "Homem Dramático") e quando observamos o cenário como se fôssemos um observador descolado dele (o "Homem Teórico"), o Homem-fora-da-cena, que observa o mundo como se estivesse fora do mundo, sentado em alguma poltrona diante de uma tela ou de um palco que faz as vezes de mundo, ou empoleirado em alguma torre de observação, sem fazer parte do cenário, o ser humano subtraído de seu elemento, olhando o mundo permeado de *Gnosis*, mas tristemente abstraído do *Nous*. Essa é a ignorância contra a qual as tradições alertam como um caminho para uma existência sem redenção.

Os conceitos operacionais e sugestões de efeito do mindfulness são claras e transparentes para aqueles que praticam, mas podem ser uma pedra no sapato dos teóricos. Quando o assunto é mindfulness, não é "ver para crer", e sim "ver para constatar". E esse constatar tem o mesmo poder do "olho do dono" do ditado popular "o olho do dono engorda o rebanho". A constatação de nossa constelação subjetiva tem o efeito de sanear, de ventilar e renovar essa constelação. É um olhar transformador sem ser "reformador", um olhar limpador sem ser "faxineiro". Sustentar ambas as posturas, tanto do "trabalho" quanto da "diversão" é perfeitamente possível dentro da prática de mindfulness, e do cotidiano daqueles que o praticam.

O ambiente escolar, com sua multiplicidade de pessoas, variabilidade e encontros sociais de diversas naturezas, pode se constituir num verdadeiro manancial do exercício dessas transformações. Carpe Diem.

---

50 CHIESA, 2012.

51 HOLZEL, 2011.

52 NIETZSCHE, 1978.

CAPÍTULO 4

O COMPARTILHAMENTO DO BEM-ESTAR (A ELEVAÇÃO AO CONCEITO)

"Há uma voz que não usa palavras.
Escute-a".

RUMI

Alguns anos atrás, em supervisão, Reinaldo era um psicanalista novato (a psicanálise e as abordagens psicodinâmicas continuam sendo meios hábeis de se mobilizar a subjetividade e a interioridade, em especial na vigência de conflitos de valor, chamados de "intrapsíquicos") e se esmerava por trazer a um psicanalista de maior percurso, seu supervisor, o "material pronto" das sessões para a supervisão. Era principiante, não recebia grande honorário por sessão, mas estava imbuído de extrair o máximo de conhecimento (*gnosis*) e experiência (*nous*) desse caso que ora atendia. Seu zelo chegava às raias da literalidade, ao tentar reproduzir objetivamente todas as nuances de linguagem e de significação que o discurso vivo oferece. Foi tanta literalidade transcricional, que foi preciso, lá pelas tantas, que ele fosse orientado a afastar-se do "fazer sentido" teórico, para simplesmente buscar ouvir o que o analisante lhe falava nas sessões. A elaboração teórica era um *après-coup*, algo que embrulhava o trabalho com um entorno e arcabouço de inserção num sistema de entendimento maior. Era algo que se construiria durante e após a supervisão, não antes dela. A partir desse momento, ao sentir-se desonerado de "fazer sentido" e apenas procurando ser uma testemunha fiel do que lhe era dito, a qualidade das supervisões melhorou em muito, ficou mais fácil e fluído interpretar gestos, chegar a conclusões e traçar diretrizes para a condução do tratamento. Era jovem e repleto de talento, mas a grande virada de sua supervisão (e por conseguinte, toda a direção dos tratamentos que ele conduzia) veio quando este desistiu de tecer o entendimento conceitual acerca do que presenciava, e apenas passou a ser profundo. Após algumas sessões nessa nova abordagem, notou que, enquanto procurava "encaixar" sua experiência de analista numa "fôrma" teórica prévia, perdia a profundidade de sua escuta, que se tornava cada vez mais superficial e desprovida de humanidade, como é inumano alimentar dados em um programa de computador. O que Reinaldo buscava era uma retórica que transmutaria sua experiência de escuta em uma linguagem "aceitável", algo possível de absorção por um psicanalista "digno de seu nome". O que Reinaldo desanimou de sustentar e abriu mão foi de tentar colonizar o real da presença com a teoria, ou seja, de colonizar a realidade da experiência inter-humana com o conhecimento teórico.

Essa guinada foi experimentada com grande revigoramento, e Reinaldo se sentiu realmente habilitado e credenciado a exercer os primeiros passos de seu novo ofício.

*

Toda vez que há uma tentativa de objetivar minha experiência subjetiva, seja numa supervisão, ou seja num compartilhar de prática, há em cena um esforço intelectual no sentido de estabelecer uma conceituação, um conceito, que abarque o vivenciado em uma regra universal. Quando procurando transmitir a experiência do mindfulness para outra pessoa, esse esforço, que tem sua razão de ser, pode acabar produzindo efeitos adversos que por fim podem comprometer o frescor e o poder de vitalização que o mindfulness pode proporcionar. Um dos cadafalsos, já abordado anteriormente, diz respeito à elevação, não a um conceito, mas a uma coisa.

CONVICÇÃO, POSTURAS E O COMPARTILHAR

Em entrevista televisiva, Prof. Milton Santos, o geógrafo premiado, foi questionado quanto ao fato de achar precária a comunicação humana mesmo nos tempos de internet – eram tempos em que ainda não existiam as Redes Sociais, sendo a Internet apenas uma prodigiosa plataforma para a troca de e-mails e arquivos, e alguns raros aplicativos para comunicação à distância. Milton Santos respondeu que a precariedade na comunicação que o preocupava não era a da comunicação à distância, ou em massa, a qual não era propriamente uma comunicação, mas sim, uma troca de informações, mas que seu interesse incidia na comunicação que haveria entre o motorista de um carro parado no sinal vermelho, e aquela pessoa que viria à sua janela pedir ou oferecer algo.

E esse talvez seja o desafio para os atores sociais do mindfulness no momento: assegurar a legitimidade da experiência em mindfulness (ter uma prática própria, que é profundamente inspiradora), em meio à massificação do mindfulness (proliferação de instrutores, professores e outros avatares institucionais).

O SILÊNCIO É UMA LINGUAGEM EFICIENTE

Michael Geier é um músico americano que lançou seu alter ego, chamado "Puddles Pitty Party", um palhaço-cantor com voz de barítono e um jogo de cena que tem conquistado as Redes Sociais. Caia no gosto ou não, é um artista considerado primoroso (associa inspiração com execução primorosa), tendo sido elogiado pela crítica e público, e tem a particularidade de não se misturar com seu alter ego. O palhaço Puddles não fala, não "aparece" maquiado, e Gaier fala por ele na terceira pessoa nas entrevistas e *lives* que faz. O perfil melancólico e indiferente do palhaço o leva a manter silêncio, e quando inquirido sobre o silêncio de seu alter ego, Mike responde que ele (Puddles) acha que "já tem gente demais falando", por ele e por todos.

*

O lado sombrio de se viver num tempo em que, a cada duas horas, o volume de informações trocadas pela Internet equivale à informação trocada em décadas inteiras no passado, é que com essa intensidade de troca, a informação cansa e desgasta pelo excesso. A informação, em grande volume, perde seu impacto tanto quanto perde quando é monopolizada. Ambos os fatores contribuem para uma imensa perda de graça no que é trocado, e vamos experimentando o fenômeno do excesso e perda de contundência, confluindo num tédio crescente, mesmo em meio a esse oceano de informações e novidades. Nesse contexto, querer fazer sentido ou comunicar algo relevante se torna uma tarefa hercúlea: a sensação é que nossa voz é sempre uma voz em meio a uma torcida de futebol num estádio lotado, com a diferença de que é uma torcida desinteressada e desengajada...

Não é exagero afirmarmos que nosso treinamento, escolar, ou mesmo em casa, para nutrir e cultivar nossa subjetividade foi precário, e, na mesma proporção, o treinamento de nossas habilidades cognitivas e capacidade de memorização foram estimulados ao máximo. O cenário acaba sendo de um esmero intelectual e performático, com uma surpreendente e incompreensível negligência de nossa humanidade, de nossa subjetividade.

Uma das consequências dessa ênfase no conhecimento e abandono da sabedoria, um dos equívocos mais elementares da partilha da experiência nas intervenções baseadas em mindfulness, onde experimentamos a dificuldade de nos expressarmos com palavras acerca do que experimentamos durante a prática. O diálogo que se estabelece a partir desse compartilhamento tem sido estruturalmente dividido em camadas ou estratos dialéticos, e tem recebido o nome de "*inquiry*". Esse compartilhamento deve ter, da parte de cada participante, uma intenção mais de dividir, e menos de convencer. A convicção em questão é aquela adquirida a partir de uma experiência impossível de demonstrar ou de objetivar. Transmitir o intransmissível é o paradoxo aparente com o qual nos defrontamos.

Quando se está em treinamento para formação de instrutor em mindfulness, essa linha sensível se recobre de outro complicador: que é a sombra da avaliação, da psicometria, que permanecem como pano-de-fundo moldando as atitudes, gestos e aparência como um todo. Mesmo depurados de interesses curriculares e competitivos (toda avaliação implica numa competição inerente e velada), ainda assim a tarefa de transmitir a experiência pode permanecer como um sentimento legítimo que brota da própria experiência. Esse sentimento legítimo, que não guarda nada de lógico (não é orientado pelo *logos*) é o que se vê com cristalinidade quando a partilha é genuína, e não performática.

Talvez essa, sim, seja uma experiência essencialmente compassiva: desejar legitimamente que o bom legado de minha prática possa ser aproveitado pelos demais participantes, pelos demais que se dispuseram a empenhar tempo e energia à prática. Nesse sentido, convém que nossa atitude (de paciência e de mente aberta ao novo) não recaia no equívoco da tentativa de produzir convicção.

*

Jaspers descreve em seu livro *Psicopatologia Geral* uma série de experiências induzidas por alucinógenos (haxixe ou mescalina), que pesquisadores da época (séculos XIX – XX) aplicavam em si mesmos e descreviam sua intoxicação, e vemos nessas descrições que havia o afloramento de atividade alucinatória intensa e florida, envolvendo as cinco modalidades sensoriais, com a descrição de vivências insólitas e ao mesmo tempo extremamente realistas e vívidas. Alucinações cenestésicas, desfigurações corporais, sósias aparecendo diante de si, perturbações graves da identidade corporal, animais ameaçadores, entre outras experiências.

O que chama a atenção nessas experiências é o fato de que, a despeito da intoxicação externa e da vivacidade das experiências, em momento algum o sujeito de pesquisa se deixava levar pelas manifestações, portanto elas não o estressavam.

Também Ulisses, no episódio em que atravessa o estreito de Messina infestado de sereias (na história, seres malignos que atraíam os homens à morte no mar com seu canto irresistível), em que pede para ser amarrado ao mastro, para poder ouvir o canto e não poder se lançar ao mar. Seus marinheiros taparam os ouvidos com cera. Não importava a intensidade da vivência (a atração intensa pelo canto), importou, para o efeito final, a intenção de Ulisses. Não era o canto da sereia o problema maior, o problema final era se cada um ia aceder a esse canto. Ulisses não acedeu.

O que conferiu a Ulisses o privilégio questionável de ter sido exposto ao canto inebriante das malignas sereias e não morrer por isso foi o fato de que sua percepção mais profunda não se distorceu, por conta das cordas que o ancoravam, que o amarravam, ao mastro do navio. Ele não podia se fiar no canto, não podia segui-lo. O canto das sereias não eram suficientes para arrebata-lo: era preciso ser "des-ancorado" de seu sustentáculo, a corda que o mantinha seguro ao mastro à revelia de seu anelo, de sua fissura. Da mesma maneira que os primitivos pesquisadores do comportamento também não se deixavam levar pelo que viam à sua frente, porque estavam ancorados no âmago de seu ser, e não sendo levados pela experiência da intoxicação. Semelhantemente, ao estarmos "ancorados", "estabilizados" por nossa presença via a respiração, o devaneio não é suficiente para nos distrair.

Tendo a história de Ulisses em mente, passamos a Gerson, médico e praticante de mindfulness, que um dia trouxe uma experiência que teve há décadas, quando era jovem e precisou receber corticoide de depósito para um quadro de micobacteriose, uma infecção oportunista.

No dia seguinte à aplicação, despertou extremamente bem-disposto, admirado da melhora que havia tido desde a véspera, quando havia tido febre e mal-estar. Com o passar do dia, percebeu que estava excessivamente brincalhão e piadista com seus colegas e amigos, e, embora não tivesse ultrapassado o limite do aceitável e usual, notava estar internamente mais acelerado e energizado, bem como uma elevação em sua disposição e humor. Sua percepção foi especialmente desperta quando percebeu que subiu 11 andares de escada em seu prédio, quando trabalhava no 4º andar...

Ao dar-se conta de que não estava em seu usual, imediatamente responsabilizou-se por isso, percebendo que era o corticoide que estava lhe causando o efeito biológico, e então passou a ter mais atenção com suas próprias atitudes e centramento, para evitar embaraços e complicações. O resultado, segundo conta, foi marcante: com o passar das horas, a aceleração interna se dissipou, e ele estava próximo de seu usual, apesar de ainda ter o corticoide circulando em sua corrente sanguínea. Essa experiência foi tão marcante que acabou por determinar que, no futuro remoto, viesse a procurar algum recurso no qual ele pudesse *potencializar* e *amplificar* essa estabilização que ele experimentou a partir de sua atitude. O recurso no qual investia quando compartilhou essa experiência era um programa baseado em mindfulness. Foi somente depois de conhecer o mindfulness que conseguiu formular a ideia de que havia se ancorado na profundidade de seu ser, e com isso, havia sido possível neutralizar os efeitos periféricos do corticoide que lhe acelerava o pensamento e alavancava a energia, à semelhança dos primitivos investigadores da psicofarmacologia.

Um exemplo em que o conteúdo do pensamento ou da sensopercepção levaram a melhor de alguém foi o célebre caso que inspirou Alois Alzheimer a tipificar um quadro involutivo que acabou se tornando paradigmático do chamado *Mal de Alzheimer*. Tratava-se de um quadro erotômano, ou seja, uma senhora que se convenceu, de maneira infundada, de que era alvo de avanços amorosos por parte de terceiros. Era um delírio em um quadro neurodegenerativo.

Acerca da senhora que teve a convicção de ser alvo de abordagens impróprias de supostos pretendentes, o fato de ser alvo de galanteios e interesses eróticos não é nenhum absurdo lógico, sendo inclusive uma experiência infelizmente frequente, mas o que chamou a atenção do médico nesse caso específico foi a maneira pela qual a paciente chegou a tal conclusão: através de sinais indiretos e indefinidos, mas nenhuma iniciativa explícita dos supostos pretendentes.

Essas experiências nos mostram que a confiabilidade de uma experiência ou de uma convicção não dependem tanto de seu conteúdo, quanto da maneira pela qual se chega a ela. Nem intensidade da experiência, nem o teor da convicção são seu *pedigree*, mas muitas vezes a maneira pela qual se chegou a tal convicção.

*

A convicção saudável e mobilizadora é algo que só pode ser construído de dentro para fora, da experiência interior a rumo ao exterior, aos meus pares, com quem eu procuro socializar essa convicção, ou socializar partes dela. Quando eu cedo à tentação do proselitismo, em busca de arregimentar seguidores ou admiradores, ou seja, quando eu passo a pretender "enxertar" convicção em alguém a partir de minha própria convicção, então eu automaticamente recorro às modalidades retóricas. É um caminho inevitável, inerente à tarefa de "disseminar convicção". E a retórica segue com todas as suas vertentes, a ética, a lógica e a empática, acrescida de mais alguns elementos discursivos. Ou seja, com toda a carga de deveres e demandas que esses elementos exigem, ofício ao qual alguns se dedicam desde o mundo da Antiguidade Grega. Para fins deste texto, é suficiente recortar que a intenção que é cultivada pelo mindfulness, e que cultiva o bem-estar, reside no fato de não se pretender ser "advogado" ou "juiz" de sua própria experiência ao tentar compartilhá-la; ser apenas testemunha". Com isso, é possível renunciar à necessidade da persuasão que envolve as retóricas, e apenas dar testemunho do desenrolar de sua própria experiência.

E da testemunha não se pede qualquer adorno, nem capricho: da testemunha não se exige nem conhecimento, nem saber acumulado, nem erudição, pede-se apenas a verdade experimentada, que, por sua vez, tem, naqueles que a acompanham, um efeito especialmente precioso quando a trajetória é de restabelecimento e restauração do próprio bem-estar.

O EFEITO-VERDADE

E então chegamos a um efeito, de difícil caracterização, mas extremamente frequente na experiência na atenção plena, que é o que chamamos provisoriamente de *efeito-verdade*. Não é um efeito da verdade (isso seria tarefa da retórica e da burocracia), nem um efeito de verdade, mas o *efeito-verdade*. Verdade aqui entendida como verdade humana, interior, real, de que houve constatação de mudança, de que houve um redistribuir de disposições interiores, alguma forma de emancipação e libertação. Também não guarda relação com a verdade fática ou objetivamente constatável nos tribunais e processos.

Existe algo insubstituível e consistente quando presenciamos alguém falando a verdade sobre si. Algo de inabalável quando estamos diante da confissão. Confissão aqui escapa ao lugar-comum da admissão forçada ou da admissão secreta. Confessamos algo quando constatamos esse algo a partir de uma premissa interna, profunda e experiencial. A única possibilidade, fora das retóricas, de produzir convicção é pelo efeito-verdade. O efeito-verdade brota da experiência orgânica comigo mesmo, desgarrado dos agrilhoamentos do imaginário que permeiam o corpo e seus caprichos.

As retóricas, abaixo citadas, podem ter, quando mal utilizadas, o efeito da convicção pelo engano. O efeito-verdade não corre este risco.

Voltando à tarefa cotidiana do "*inquiry*", não é só em sua tarefa estruturada nas intervenções e com os parceiros de prática, mas no próprio compartilhamento mais amplo de experiências que se faz com os pares no dia a dia, a lógica do compartilhar que é também uma experiência de contágio, de disseminação do bem-estar. Nesse sentido, o cultivo do mindfulness não deixa de ter uma disseminação própria, via seus frutos, no cotidiano, e que se dá por si mesma, pela vitalidade do olhar, pela profundidade das respostas, pela maneira de conduzir o próprio corpo e a própria dignidade.

Com todo esse corolário intenso e abundante, não há motivo para se cair na armadilha do proselitismo, nem na armadilha da pregação da "verdade supostamente atingida", mas apenas permitir que essa disseminação se dê com a espontaneidade de algo inerente ao Ser Humano: comunicar-se com seu semelhante compartilhando aquilo que é relevante em sua vida, e a via privilegiada para dar crédito a essa comunicação é o efeito-verdade.

A IMPOSTURA E A ESTÉTICA

A impostura se instala quando há uma tentativa de ostentar algo que não se coaduna com a experiência interior e subjetiva do mindfulness. Isso pode se dar por exigências institucionais, ou pode ser simplesmente consequência de uma impostura cínica que eventualmente se tenha perante a vida como um todo e o mindfulness não vai ser a exceção à regra.

Como resultado dessa tentativa de ostentação, há o recurso às retóricas (ethos – argumentação ética, páthos – recurso à comoção, ou logos – redução por via da demonstração), ou, em sua falência, ao mero constrangimento. Como é da natureza humana, muitas vezes essa impostura se manifesta inadvertidamente, ou, por vezes, ela se torna visível diante de um flagrante uso da retórica para tentar recobrir algo que carece de convicção experiencial, para tentar disfarçar algo que se constrói imaginariamente a partir da erudição, ou do cargo que se ocupa, ou da posição que se almeja, enfim, de todos os vieses da vida institucional, em especial, da vida institucional envolvendo o mindfulness.

Algo que parece ser conveniente a meus interesses imediatos e restrito ao modo *fazer* da escalada rumo ao prestígio, tão claramente distinto do modo *ser* do mindfulness.

Semelhantemente, quando é sobre a verdade subjetiva humana, seja ela acessada pelo mindfulness, ou por outros meios hábeis, tanto a impostura quanto o impostor acabam por se tornar flagrantes, e, portanto, incapazes de gerar confiança: carecem de confiabilidade, porque sua fala não tem confessionalidade, não expressa qualquer verdade subjetiva, nem apresenta qualquer sinal de sinceridade, de compromisso com as alegadas verdades.

Por outro lado, tanto a originalidade quanto a criatividade são frutos inequívocos da sustentação da verdade subjetiva. A impostura pode primar pelo arremedo, pela clonagem, por todos os elementos que a *gnosis* pode oferecer, mas não chega a produzir convicção naqueles que percebem a transmissão, tanto pela sua distância da experiência genuína, quanto pelo seu compromisso em permitir que seus ouvintes, seguidores, ou pares sigam suas próprias vidas, conforme suas próprias consciências. Não há criação (gr: *poiesis*), somente arremedo, uma experiência essencialmente estética.

Um dos pontos angulares na formação de um instrutor, além do domínio da visão geral e diversas etapas da intervenção, é o que tem sido chamado em inglês de "*embodiment*", sendo, grosso modo, traduzido por "corporificação", ou seja, a capacidade de encarnar um princípio da atenção plena, algo como "James Dean corporificou ("*embodied*") a rebeldia dos anos 50/60". Essa via, embora inevitável e bem-vinda, traça um caminho distinto do caminho acima, pois aposta (por necessidade) na "nomotetese" (formação de categorias) do instrutor, mas não em sua "idiografia" (particularidade radical), ou em sua singularidade criativa[53]. Mais à frente, falaremos sobre a dignificação e seu papel essencial na práxis, no cotidiano de um praticante de mindfulness.

Qualquer que seja o esforço, qualquer que seja o recurso do qual se lança mão, a única maneira de se ajudar efetivamente alguém dentro dos desafios e da complexidade da experiência com a atenção plena é através da *confiança*, do *endosso íntimo* que a própria experiência dentro do mindfulness consegue proporcionar.

---

[53] KENDELL, 1988.

A CONFIANÇA E O DIÁLOGO

"Onde não há confiança, não há diálogo", diz o adágio.

A impostura, como acima exposto, mina a possibilidade da confiança. Nada mais gerador de desconfiança do que um tagarela ou um farsante à frente de uma prática que mal praticou, ou praticou com uma intenção desviada do presente momento.

O diálogo implica uma certa abertura, um certo "baixar de guarda", da guarda que podemos manter, com exagero ou não, no cotidiano profissional e pessoal. Esse abrir-se deve ser profundamente respeitado e reconhecido, e não tomado como um assunto trivial e irrelevante pelos demais participantes do grupo. Apesar da "desejabilidade" e conveniência de se abrir portais de comunicação entre instrutores, redes de instrutores, políticas de boas práticas, e toda sorte de aparelhagem institucional no sentido de se melhorar a confiabilidade do que é feito nas sessões, o fato irredutível é que a confiabilidade virá, em última instância, e sem atalhos, do grau de compromisso que o instrutor tem com o mindfulness, o grau de compromisso com a clínica e com o paciente, e não apenas de seus necessários e benvindos compromissos institucionais. Um compromisso que só se consuma a partir da paixão, da relação de amor que cada instrutor tem com a prática em si, e não com os frutos institucionais ou profissionais que sua posição de instrutor ou professor (para usar o jargão anglo-saxônico) pode auferir[54].

Essas estruturas todas têm, de maneira inerente, a importantíssima condição de subsidiar a "vigilância recíproca" dos instrutores, no sentido de se evitar os abusos, mas em última análise, a confiabilidade do instrutor virá de sua postura interior em relação com a vida e com sua prática.

A confiança começa, em sua essência, com o grau de sinceridade que o praticante tem *para consigo mesmo* quando se senta na almofada pela primeira vez. Tem a ver com a intenção cultivada no momento de maior paciência necessária, quando o mindfulness ainda não mostrou seus efeitos mais plenos, mas já trouxe mudança na acomodação, na rotina de tempo e de atividades. E esse é um compromisso pessoal e intransferível, repleto de significado subjetivo, e não apenas algo que

---

[54] KABBAT-ZINN, 2003.

se assume prioritariamente como uma pantomima, um jogo de imitar, como algo que se faz para agradar os olhos de um outro.

A confiança tem sua raiz na própria prática. A referência à atitude de confiança que se cultiva nas bases atitudinais do mindfulness é explícita, uma confiança no próprio ser e no próprio organismo no sentido de oferecer competências mínimas de autocuidado. Confiar no organismo, confiar no próprio ser, é o primeiro passo para dar a esse ser uma voz e uma guarida em nossas ponderações. Se eu sei que respiro, isso vale dizer que eu confio que a próxima respiração se dará quando for conveniente, assim como a anterior e a atual, e isso à revelia de minha ideologia acerca de meu fôlego. E essa é a raiz da confiança: confiar no cuidado que meu ser me outorga, no quanto ele está imbuído de me ajudar e me sustentar. A confiança que nasce da constatação lúcida, à revelia de meu imaginário acerca do que se passa.

Desse ponto, passa-se a perceber a confiança na vida, no fato de se estar vivo, e nesse diapasão, no fato de existir. Existir é inerente a nossa condição, e é aqui que o imaginário é especialmente cruel conosco, quando buscamos agradar às aparências, julgando só atingir uma "existência digna" após isso.

Procurar dar conta de qualquer empreitada em mindfulness sem esse estofo reduz essa empreitada a uma experiência essencialmente estética e desprovida de profundidade.

A IMAGINAÇÃO E O IMAGINÁRIO

Toda imagem que eu contemplo é, na verdade, um *estado de mundo* que eu contemplo. Algumas correntes psicodinâmicas privilegiam o fato de as estruturas sensoriais humanas maturarem e estarem funcionais antes das estruturas motoras. Isso propiciaria ao ser humano uma impressão, primeva e fundadora, de uma "desvantagem pragmática": ele seria capaz de apreender sensorialmente movimentos e desenvolturas nos adultos os quais ele mesmo não consegue reproduzir[55].

Recentemente, estudos em neurônio-espelho e outros tratos visuo-motores parecem reforçar essas observações anteriores.

---

[55] ROUDINESCO, 1993.

Fato é que a imagem pode favorecer o desencadeamento de dois tipos de vivência no ser humano: uma é a imaginação, que é o desvario mental autoendossado de se construir, sem qualquer compromisso com uma realidade objetiva, uma cena, um enredo ou personagens. O idílio e as histórias ficcionais são dois exemplos desse tipo de vivência.

A outra é o imaginário, mais estruturado, verossímil e sem desvario, e que se imiscui em nossos valores e lembranças. Esse imaginário costuma pregar peças, é o que nas tradições é chamado de "delírio", diferente do delírio clínico, descrito mais acima. Esse imaginário permeia todas as percepções de *estado de mundo*[56] que possam nos ocorrer, e, se não devidamente reduzido em sua atividade, pode proliferar convicções que pouco a pouco vão dominando o cenário subjetivo.

Muitas vezes, quando nos olhamos no espelho, ou por extensão, quando vemos a nós mesmos, muitas vezes o que menos queremos ver somos nós mesmos, mas em lugar de nós mesmos, ver o quanto nossa aparência se aproxima de alguma comparação imaginária prévia. E quanto mais perto se aproxima, maior nosso júbilo, e quanto mais se afasta, maior nossa dor.

No frigir dos ovos, essa é a base do julgamento que suspendemos intencionalmente quando sustentamos a intenção de "não-julgamento" em nossas práticas, cuja suspensão traz tanto alívio em nossa prática. Permitir nossa existência e nossa vida sem os crivos das comparações e ditames que tanto nos exasperam e podem eventualmente nos sufocar. Suspender intencionalmente nosso julgamento sobre nós mesmos é um dos mais radicais atos de amor à vida, de uma relação amistosa e benevolente conosco mesmos.

O ESPELHO E A CRUZ

Não raro, quando estamos diante de alguém que admiramos, estamos diante de alguém com quem nos comparamos, e essa comparação geralmente nos é desfavorável. É muito difícil nos compararmos a alguém por quem nutrimos admiração e ao mesmo tempo nos acharmos "melhores"

---

[56] ECO, 1990.

ou "mais legais" do que esse alguém; o mais típico é nos acharmos "piores" ou "menos legais". E em certas circunstâncias profissionais ou pessoais, essa miragem de desvantagem e inferioridade pode dar base à rivalidade e à intriga. A comparação é geralmente desfavorável a mim. Meu espelho me crucifica na maioria das vezes. Ao me comparar com alguém, seja com uma idealização ao espelho, seja com alguém a quem me identifico maciçamente, a valoração é sempre como se esse alguém tivesse algo "a mais" do que eu, algo "melhor", mais "sólido" ou mais "procedente", e que é preciso desesperadamente me restituir esse "a mais", constituindo-se aí uma direção inevitavelmente destinada ao estresse. O espelho não é o que eu olho quando quero me ver, é o que eu olho quando quero ver o quanto pareço com minha idealização, portanto, é o vetor das incidências do outro sobre mim, e resta, para minha libertação, a emancipação desse espelho.

A emancipação desse incômodo espelho é a essência do descentramento, tão almejado dentro das Intervenções Baseadas em Mindfulness. Manter-me assujeitado a esse espelho, mesmo ostentando e professando o mindfulness, até mesmo numa postura profissional, pode ser uma prisão a uma miragem imagética, estética, e com isso, o praticante ou o instrutor corre o risco de reduzir sua prática a uma mera estética, desprovida de sentido, de singularidade e de criatividade.

CAPÍTULO 5

A DIGNIFICAÇÃO: SER INSPIRADO E INSPIRAR

"Caminhante, não há caminho
O caminho se faz ao caminhar"

ANTONIO MACHADO

Marília tinha sempre uma dificuldade, desde que havia se iniciado numa intervenção baseada em mindfulness, e que se repetia no decorrer das semanas. Havia um incômodo subjetivo, um sentimento de angústia que irrompia precisamente quando iniciava sua prática. Inicialmente vivida como uma idiossincrasia, posteriormente notou que no fundo sentia-se endividada consigo mesma, e que acreditava não ter as grandes qualidades que imaginava que seriam aquelas necessárias à prática que idealizava. Posteriormente, e com os diálogos do programa, passou a perceber que esse sentimento era generalizado, de uma insuficiência global que a impossibilitava de desempenhar a contento suas tarefas e atribuições (ou pelo menos, com a desenvoltura e liberdade que outras pessoas pareciam conseguir). Chegou mesmo a supor que as práticas do programa eram mais fáceis para seus instrutores!

Com o convite reiterado de não se deixar levar por suas expectativas, e simplesmente reconhecer essas expectativas como "ideias", foi-lhe possível afastar-se emocionalmente do "dever de executar essas ideias em seu ser", e com isso também lhe foi possível experimentar tanto alívio quanto emancipação dessas ideias.

Essa emancipação, que o jargão psicanalítico de algumas escolas nomearia "destituição narcísica frente às representações", tem, como já foi dito, um poder libertador e emancipatório sem paralelo na vida anímica humana.

E é também o caminho inverso, oposto até, do da reificação, onde a tendência a tornar as representações e conceitos operacionais em "coisas": num primeiro momento, reconhecendo as ideias e emoções como "coisas reais", para em seguida, sentir-se no dever de cumprir *em seu corpo* as demandas que essas coisas reais podem exigir. Ao pactuar deliberadamente com a respiração (com o organismo portanto), eu "desloco" minha âncora existencial para longe do meu "colamento" às ideias e comparações, rumo à *presença do organismo na prática*, a partir de suas medidas reais, de temperatura, peso, consistência, conexão a objetos, ao ar. Essa presença do organismo na prática confere uma garantia de realidade da experiência, prevenindo tanto nosso devaneio quanto à autoflagelação associada a ele. Além disso, também proporciona a oportunidade de habitar a própria *existência, o presente momento, o momento da presença.*

CORPO MEDIATO, ORGANISMO IMEDIATO

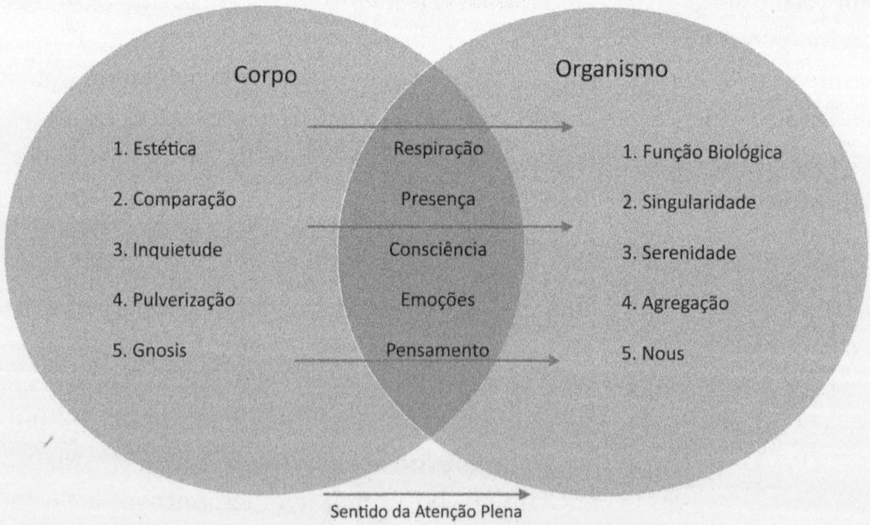

Conforme já vimos, o corpo e o organismo podem ser entendidos sob ópticas ligeiramente diferentes, quando o assunto é mindfulness, bem como nossa percepção de nós mesmos pode ser definida como a composição de nossa consciência tanto do corpo quanto do organismo, conferindo à minha experiência "de mim mesmo" um estatuto peculiar e em constante modificação. Numa palavra, conferindo *singularidade* à minha experiência. *Esta singularidade e intransferibilidade é que tornam a prática do* mindfulness *uma prática dignificante.* Tornar digno aqui significa "elevar em importância", *tornar relevante e respeitável a partir da respeitabilidade do que é realizado.*

Quando eu honro e respeito alguém ou alguma ideia, minha atenção é espontaneamente levada em direção a esse alguém ou algo, e quando eu honro minha própria presença testificada no organismo, *eu volto minha atenção à minha presença.*

Esta experiência torna-se preciosa na proporção em que a singularidade sai das sombras do "lixo", do inútil, e passa a ter importância na travessia, no substrato do desdobramento da experiência presente. Deixo de ser um número, passo a me receber. O lixo se torna a matéria-prima, destronando a minha atitude de me penalizar ou me tornar enfatuado comigo mesmo, quando aquilo que imagino de mim, seja o melhor ou o pior, deixa de ter importância ante a intensidade do presente momento.

É essa singularidade de cada um que faz de sua vida e experiência coisas imprescindíveis, intransferíveis e relevantes para o estabelecimento de laços sociais construtivos, tanto nas escolas quanto nas corporações ou meios políticos.

A recomendação da literatura voltada para o mindfulness fala da postura física para a prática, a qual deve ser confortável e dignificada[57]. A dignidade aqui descrita é o responsabilizar-se por fazer algo que somente a singularidade de cada um pode fazer e é o que produz o efeito de tocar piano "daquele jeitinho", ou da feijoada que é feita com o tempero "que só tem no restaurante do Fulano", resgatando assim a possibilidade de se viver com arte. Arte no sentido técnico, da execução primorosa, e arte no sentido de imprimir singularidade criativa ao que se faz.

---

[57] Attending: medicine, mindfulness, and humanity. Ronald Epstein. New York: Scribner, 2017. ISBN 978-1-5011-2171-5.

A CRIATIVIDADE

A criatividade, no sentido do mindfulness, é consequência do grau de singularidade que percebo em minha experiência, em primeiro lugar. Melhor dito, a singularidade de minha experiência em seu desdobramento. E para ser singularidade, minha atenção deverá passar necessariamente pelo desdobramento da experiência por sobre o repertório subjetivo acumulado (o desdobramento da experiência momento a momento).

Esse repertório subjetivo acumulado, por sua vez, é resultante de minhas memórias autobiográficas e da elaboração destas memórias. Sofrerá, portanto, modificações em sua elaboração com a prática do mindfulness, o que possibilitará a mudança de reações de estresse para respostas melhor elaboradas frente às adversidades, e essa progressão oferecerá, por sua vez, dois saldos francamente positivos: o primeiro, de aliviar agudamente o estresse envolvido nalguma situação delimitada, e o segundo, de apaziguar e tornar mais elaborada a resposta que eu posso dar, não somente a essa adversidade pontual ou a uma emoção difícil, mas à minha condição como um todo, à minha vida no sentido mais geral possível. Um repertório mais amplo de respostas mais e mais bem elaboradas, resultando numa atitude mais e mais serena e confiante na própria vida. Essa confiança abre magistralmente as portas para a criatividade momento a momento.

A SINGULARIDADE E A MEMÓRIA EPISÓDICA

Nosso repertório subjetivo acumulado, descrito acima, e a nossa experiência do presente momento, ambas passam pela organização da chamada Memória Episódica. "Memória Episódica" é um conceito neurobiológico que escapa ao jargão comum da memória, e o nome também pode ser fonte de confusão. Não é a memória acerca de um episódio, e não é uma memória que me ocorre episodicamente, como um lampejo. Precisamente ao contrário, é a memória envolvida no que chamamos de "continuidade do eu", "eu" aqui tomado de maneira diferente do "ego" psicodinâmico. Além da cognição envolvida, por ser um repertório acumulado de episódios autobiográficos e autoexperiência, essa Memória Episódica inclui todo um corolário de percepções de passagem do tempo, sonoridades, e sensações visuais, numa palavra, tudo que pode definir um evento ou um período de nossa vida[58]. É uma organização de "onde, quem e como" de episódios passados, bem como da organização do "episódio atual", o presente momento. Como é uma modalidade de memória exclusiva do ser humano, é de importância capital tanto no estabelecimento da cronologia da memória, em concepções e constructos complexos e polissêmicos, tais como "juízo crítico de realidade", "orientação auto e alo-psíquica", quanto sua participação nas bases da motivação humana, da nossa *intenção* em seu entendimento mais singelo possível[59,60]. Ela está associada com prospecção (projeção do futuro pessoal) e revivescências, e assim, intimamente ligada à ideia de estresse pelo futuro, ruminação do passado, e, portanto, guarda intima relação com o bem-estar psicológico[61].

O que torna essa modalidade de memória ainda mais interessante no mindfulness e sua prática, é que ela se atualiza a partir de dois mecanismos principais: a reativação (ativação de conteúdo pregresso) e a reconsolidação, ou seja, a atualização de memórias já existentes, numa incorporação de material da experiência presente. Ou seja, através da contínua reativação e reconsolidação, ambos mecanismos dinâmicos, permitem entender que as nossas memórias, impressões atuais e entorno emocional do presente momento estão, continuamente, abertas à reformulação e readaptação. E essa é a liberdade que podemos conquistar estando abertos ao presente momento. Nada em nossa vida anímica está selado e determinado: tudo é passível de migração e originalidade. Essa migração e originalidade são o esteio da singularidade.

No caso da experiência do estresse (tanto em fases anteriores de nossa vida quanto no presente momento), um excesso de ativação, via cortisol e enzimas inflamatórias, pode interferir no processamento das memórias, com um excesso de reativação de experiências desagradáveis,

---

58 MITSUHASHI, 2018.

59 STEEMERS, 2016.

60 TULVING, 2006.

61 MACLEOD, 2016.

e uma inibição da reconsolidação dessas memórias[62,63,64,65]. Esses mecanismos neurofuncionais têm sido apontados como as bases orgânicas da manutenção de sintomas depressivos e ruminação[66].

MINDFULNESS E MEMÓRIA EPISÓDICA

As tradições contemplativas (meditação, tai-chi-chuan, chi-kung, algumas artes marciais) são repletas da percepção de que é possível rever as próprias memórias, de um ponto de vista cognitivo, mas principalmente do ponto de vista do entorno emocional que as acompanham[67]. Ainda que não explicitadas com o repertório científico atual, esse aspecto já era sintetizado no conceito de Satori, ao reforçar o caráter essencial da aquisição de novos pontos de visada (acerca da vida e das coisas como um todo) no zen-budismo[68].

Embora a ideia de "viajar no tempo mental" do presente para o passado possa parecer pouco compreensível, ela encontra respaldo tanto nas práticas contemplativas quanto na neurociência. Ou seja, emocionalmente, é mais comum irmos do presente para o passado, do que virmos do passado para o presente: primeiro eu constato que estou usando uma meia de cada cor, e então eu volto atrás no tempo para lembrar que ainda não marquei meu oculista, ou me recordo da vez em que meu irmão zombou da minha roupa na infância[69]. Essa "viagem no tempo" é a pedra angular na elaboração do conceito de memória episódica[70]. O Monge Zen vietnamita Thich Nhat Hanh chega a descrever esse desenrolar do pensamento como se fosse uma pilha de "tijolos conceituais tomados de um armazém e usados para construir monumentos", ao encorajar praticantes a reelaborar e ventilar sua experiência com a memória, em lugar de aderir-se a ela[71].

---

62 DONGAONKAR, 2013.
63 SHIELDS, 2017.
64 GAGNON, 2018.
65 BREWIN, 2014.
66 Idem.
67 RICARD, 2009.
68 DO, 2001.
69 SUZUKI, 2020.
70 TULVING, 2002.
71 HANH, 2006.

Tomando a metáfora dos tijolos, esses tijolos conceituais corresponderiam à ideia da Memória Episódica como o elemento da construção de atitudes e reações. Algumas práticas até propõem a "Investigação dos Objetos Mentais", na qual se estimula o praticante a debruçar-se sobre os aspectos, resquícios e consequências emocionais da autobiografia (memória episódica), bem como o princípio de "patissati", ou seja, ter em mente o presente momento, e com isso, diminuir a intensidade emocional das recordações.

O Presente Momento, descrito mais acima, aqui se constitui no "momento do desgarramento", do desapego tanto das memórias (passado e simbólico) quanto das fantasias (futuro e imaginário), e da nossa reinserção em nossa própria História, que só se efetiva na medida em que nos lembramos do lugar que ocupamos, da presença que temos, no aqui e agora (*hic et nunc*).

A CRIATIVIDADE E A ORIGINALIDADE

Há duas "commodities", dois artigos de valor incalculável hoje em dia, tal foi o mergulho que demos no "fazer humano" em detrimento do "ser humano". Uma é o famigerado tempo, que fazemos gato e sapato para manejar. Seguramente uma fonte de estresse. A outra é a criatividade original, que parece atingir um valor incalculável: o que vemos de *coaches*, andragogos e outros aconselhadores humanos valorizarem essa faculdade, faz pensar o que andamos fazendo nos últimos 20 ou 30 anos como civilização. O que pode enganar é supor que minha prática de mindfulness será uma "ponte para o que eu quero", a qual se fará dentro do enquadramento de tempo que eu acho conveniente.

A experiência do mindfulness provê ampla evidência de que essa postura ignora profundamente a natureza humana, ou a própria Natureza, se preferir. O mecanismo intricado que a neurociência oferece, e a experiência de praticantes veteranos, mostram claramente que esse funcionamento toma seu próprio tempo, funciona por sua própria cronologia. Portanto, a base atitudinal do mindfulness se volta muito mais para um assujeitamento intencional ao lapso de tempo necessário, por respeito à soberania desses mecanismos em fundar e estruturar nossa existência.

E a chave para a criatividade reside precisamente aí, no imprevisto e no imponderável. Nós não a dominamos, nosso ser tem funcionamento autóctone, e é a chave para a criatividade.

A palavra grega para criatividade é *poiesis*, de onde se originam hematopoiese (produção de células sanguíneas) e poesia. Expressa a ideia de criar, de trazer à existência. Uma palestra ou um texto que nada acrescentam no sentido de informar ou motivar será um evento sem poesia, sem criatividade. A criação é a marca distintiva do ser vivo, seja a criação ambiental, seja a procriação, e a criação rica e farta é a marca distintiva do ser vivo que está bem com a vida. É impossível estarmos bem conosco mesmos sem criar, e nosso ato de criação (independente das características do criado) é definitivamente benéfico, faz um giro positivo nos mecanismos da Memória Episódica acima citada, no Ciclo de Aprendizado de Kolb, e aproxima-se da ideia de "*Ikigai*" dos japoneses, do viver com propósitos. Criar é inerente ao ser saudável, e a saúde é beneficiada pelo ato de criação.

O Ikigai é livremente traduzido a partir do ideograma composto por "vida" juntamente com "valor", "valoração". Há uma sutileza de tradução, pois o ideograma não lê "*jinsin*", vida biográfica, percurso vital. Lê "*Seikatsu*", que não é nem épico nem idealizado, tratando-se da vida comezinha, cotidiana, trivial, a tal ponto de ser equiparado a "aquilo que lhe tira da cama pela manhã", mas também pode ser exemplificado com "o que lhe faz ler este livro", ou "o que lhe faz gostar tanto de algo que você faz mesmo quando está sem vontade de fazer?". Sequer é necessário responder cognitivamente, ou seja, dizer "meu ikigai é isso ou aquilo", mas apenas reconhecê-lo na base de sua motivação. A conotação japonesa denota uma motivação ou intenção que se renova a cada manhã, a cada gesto, a cada instante.

Segundo a tradução informal de uma conhecida, nativa do japonês, o ideograma também pode ser traduzido, por conta da polissemia da escrita kanji, ideográfica, como "paixão ou valor inextinguível", ou ainda, "motivação que não arrefece", como algo que se sustenta apesar da adversidade, ou do desestímulo.

Aqui vale a ressalva de que ninguém é conclamado a se tornar um inventor maluco, ou um cientista desenfreado, desses que povoam nosso imaginário folclórico. Não. Ser criativo, como dito acima, não é tentar reinventar a roda, bastando abordar o presente momento com a mente de principiante, e não abordar a criatividade como um dever, ou, de maneira ainda mais tacanha, como uma mercadoria ou um bem.

ABERTURA, CURIOSIDADE E DESCENTRAMENTO: A DIGNIFICAÇÃO

Conforme o arrazoado anterior, um cuidado a ser tomado sempre que abordamos o fenômeno humano, é o de não cairmos no cadafalso da reificação. O único caminho alternativo a essa progressiva reificação, que tem o ônus de engessar, de plastificar a descoberta do mindfulness, é o da prática ancorada na sua singularidade, prenhe de criatividade. A prática ancorada na singularidade não se reifica e segue a direção da dignificação.

Curiosidade é um termo que padece do mesmo problema que a palavra compaixão em português: traduzido, se presta a inúmeras nuances de interpretação, e a primeira imagem que nos vem à mente, usualmente, é a "curiosidade fofoqueira", a curiosidade enxerida, a xeretice. A atitude por detrás da curiosidade-xereta é radicalmente distinta da curiosidade cultivada pelas tradições e pelo mindfulness. A xeretice é um fenômeno associado à fofoca, e a toda sorte de usos nocivos da fala e da linguagem no contexto social. Ao pensarmos na fofoca, o que mais é essa fofoca senão a tentativa de inserção social pela via da intriga contra terceiros? Por sua própria estrutura, vemos que a fofoca já começa na agressividade cega, na hostilidade velada e no desejo de dissenção, ficando claramente distante de qualquer prática que pretenda diminuir o estresse e fortalecer o bem-estar.

Já a curiosidade cultivada pelo mindfulness é a curiosidade engajada, intencional, imbuída de uma experiência amorosa e de acolhimento, como a curiosidade que eu tenho ao ir olhar imediatamente se meu filho está bem no berço assim que algum ruído ou mudança sugere cuidado.

Também não é a curiosidade idílica, aquela que nos leva a explorar uma caverna, ou algum ambiente desconhecido, a curiosidade que temos pela novidade, pelo inexplorado. É a curiosidade que se abre para aquilo que eu já suponho conhecer, para o velho amigo, para o idoso que atravessa a rua, para alguém que, embora conhecido, parece distante de mim devido à minha atitude. É esse cuidado paterno ou materno, cuidador, que está em jogo na atitude de curiosidade do mindfulness, e é o que vai na direção da restauração. Portanto, uma curiosidade pelo já conhecido, o descobrimento de novos veios, de novas nuances, mais discretas e sutis, e por vezes repletas de recursos que podem ser proveitosos.

Os mananciais de grandes reservatórios de água potável são, em sua maioria, constituídos de pequenos filetes originais de água, frequentemente recobertos por vegetação, e que, não raro, passam batidos a nossos olhos. No entanto, é o aterramento desses olhos d'agua mínimos que vem ameaçando os níveis de água dos tais grandes reservatórios, uma vez que as fontes minúsculas vão sendo entupidas, o resultado em volume de água pode ser impactante. Tal se passa em nossa economia interna, aquilo que é mínimo ou irrelevante a nossos olhos, aquilo que é menos privilegiado, muitas vezes acaba se mostrando como o esteio, a base do presente momento, que é a via de libertação por excelência. A curiosidade é o cultivo da intimidade com as pequenas oscilações em nossos "fios d'agua" existenciais e emocionais. O reservatório, o bem-estar, é apenas a consequência final. A curiosidade é a valorização do aparentemente irrelevante.

Outro mecanismo frequentemente citado em textos de mindfulness é o descentramento ("decentering"), que é minha atitude de sustentar uma subtração de minha autoimagem da cena, mas ao mesmo tempo mantendo-me eticamente presente.

Muito de nossa angústia social, em que, nalguns casos, atinge as raias da ansiedade social, vem de duas distorções de percepção frequentes, a primeira de um olhar de reprovação que é suposto naqueles que me vêem, ou seja, eu sofro pela suposição de uma reprovação no olhar dos outros.

A segunda distorção vem do fato de que "é preciso ser bem aprovado pelos outros". Ambas são completamente desprovidas de qualquer procedência, são artefatos dos emaranhados de memória e frustração que carregamos conosco, um primo-irmão da ruminação, só que menos explícito, mas igualmente desorientador e gerador de erros em meu julgamento social das circunstâncias. A tensão entre ambas as forças, muitas vezes pouco suportável de um ponto de vista emocional, acaba desaguando na angústia ou ansiedade.

Vale ressaltar que não há nada "reprovável" em sofrer tais conflitos, uma vez que, na verdade esses conflitos são uma apropriação nossa da Civilização, no entanto, uma apropriação que traz inconveniências importantes. Apesar do engano que o nome pode gerar, o descentramento, ao estabelecer os pensamentos e afetos em sua natureza última, ou seja, de "produtos da mente", de um material gerado por mim, e não de "realidades" impostas desde fora, e com as quais me colo, na verdade o descentramento oferece a oportunidade de uma desalienação, que seria resgatar-se de um estado de fusão com os pensamentos e emoções, sem estabelecer um distanciamento críticos dos mesmos. De resto, a identificação ingênua aos pensamentos e emoções é, na verdade, alienar-me perigosamente de minha natureza mais orgânica, do verdadeiro lugar que ocupo no awareness (visão panorâmica, visão ampliada). Sem essas referências de lucidez e distanciamento crítico, nossa tendência acaba sendo a absorção vertiginosa por esses pensamentos e afetos, por conta da força e da ambiguidade que essas representações (pensamentos e emoções) têm no sentido de nos dilacerar subjetivamente. É, portanto, no descortinar do imaginário comparativo que a emancipação do mindfulness se faz presente.

Mais ainda, diversas linhas de pesquisa têm demonstrado que esse descentramento se dá muito mais pelo fato de focar a atenção no processo de pensar, do que no conteúdo do que é pensado[72,73].

O camaleão gera curiosidade, e muitas vezes até é inadequadamente mantido como um animal de estimação, pela sua qualidade curiosa de mimetismo, de arremedo cromático do entorno. Ao compararmos essa qualidade (não o animal, inocente de qualquer consideração aqui) à qualidade de um outro animal, vemos que o camaleão gera uma curiosidade quase hilária, isso porque sua extraordinária capacidade de mimetismo lembra a impostura, no caso humano, em vez de imiscuir-se em cores e formas, camuflar-se nas falas, gestos e atitudes que são as aceitas em determinados ambientes e círculos sociais. O farsante, o impostor anteriormente citados, gera esse tipo de sentimento de ilegitimidade quando lança mão do arremedo para tentar escavar um lugar para si em um ambiente, o qual ele deve supor ser de pedra,

72 BLACKLEDGE, 2009.

73 HAYES-SKELTON, 2013.

e quanto mais próxima for a lente dessa observação, quanto mais refinada a qualidade da atenção prestada, menos convincente vai se tornando sua presença e manifestações. A massificação educacional, os treinamentos alinhados, ambos tendem a hipertrofiar essa característica mimética do ser humano, e muitas vezes primamos por procurar ser "o que deveríamos ser", tornando-nos excelentes executores de tarefas repetitivas, mas desprovidos da chama criativa sobre como manejar nossa presença diante dessas tarefas. Essa é outra faceta da dimensão imaginária que permeia as interações sociais.

Mais ainda, se a impostura ou a farsa pretende produzir convicção ou recrutamento na audiência, mais se afasta do Efeito-Verdade, e da genuinidade respeitosa que esse efeito pode gerar, e envereda pela falácia imaginária, por mais numerosa que seja essa audiência, e por mais empolgantes que sejam as imagens mercadejadas.

Já o mover-se a partir da experiência de sua prática, e não a partir de uma idealização de como deve ser essa prática, transmite uma inequívoca sensação de veracidade, de convencimento, o Efeito-Verdade do qual falamos anteriormente. Nem sempre conveniente, nem sempre político, é um efeito que "não joga pra torcida", mesmo quando se é gentil e suave.

A verdade humana gera dignidade. A dignificação é a vereda que nos conduz a uma presença cada vez mais verdadeira. Entendendo a dignificação como o erigir-se a um patamar de respeitabilidade, tanto de mim mesmo quanto dos que me cercam, talvez seja o gesto mais ético que podemos imprimir à nossa existência, e andarmos na beleza de nossa dignidade talvez a melhor "versão" de nós mesmos para trazer mudança em nossa geração e em nosso *entourage*. O mindfulness é um meio habilidoso para se trilhar a direção da dignificação, talvez o melhor para alguns, embora longe de ser o único para muitos.

O mindfulness é o caminho para a dignificação somente na medida em que essa dignificação pode se dar a partir das portas que o mindfulness abre.

DIGNIDADE, PIEGUISMO E SOLENIDADE

A dignidade é distinta da solenidade. A dignidade se sustenta pela Presença Física no Presente Momento, portanto, não é atrás de uma transformação metafísica ou sobrenaturalista que se está, mas sim, atrás da possibilidade singela de experienciar com paladar renovado o "sabor" do presente momento, e com isso, oferecer-se a esse presente momento revigorado e com frescor ventilado.

Outro aspecto importante é que o mindfulness não promove, dada a natureza de suas práticas, nenhuma forma de pieguice, de sentimentalismo extremado ou fora de razão. Ao contrário, tanto o descentramento quanto os demais aspectos de sua prática cultivam o distanciamento do extremismo sentimental, mantendo o praticante a salvo de tais excessos, nalgumas das vezes, até perigosos.

Solenidade é estética. Estética destinada a promover determinados efeitos emocionais, determinadas aberturas que permitam a assimilação dos princípios a ser exemplificados ou ensinados. Muito embora de importância magistral nas tradições, e que pode invocar em nós um sentimento de gratidão e respeito, ainda assim a solenidade não é um selo, não é garantia de uma boa prática de meditação, nem de um viver digno, sendo que, nalguns casos, a solenidade pode servir inclusive para encobrir o cinismo.

O risco da solenidade, em especial quando bem paramentada, é que ela pode servir para distrair o olhar dos verdadeiros sentidos do mindfulness, à moda do prestidigitador, cuja arte depende essencialmente de chamar a atenção à mão que não está fazendo nada, para encobrir a mão que opera uma manobra dissimulada. A singeleza, por não se recobrir nem se fiar, jamais encobre nem engoda. A indução de sensações de êxtase pode servir, entre outras coisas, para o engodo e encobrimento.

Felizmente podemos desfrutar dos efeitos benéficos da solenidade, sem nos enganarmos a nós mesmos. Isso é patente para quem já tem algum tempo de prática, bem comode convívio com outros praticantes.

Vale ainda ressaltar que a solenidade nem sempre assume a forma de cerimoniais e demonstrações, ela pode adquirir diversas formas, algumas bem sutis: titular-se instrutor ou professor tem uma solenidade envolvida, valer-se de sua inserção social para um maior peso de sua opinião tem uma solenidade envolvida, buscar avidamente o prestígio do reconhecimento. A solenidade pode seguir no encalço da busca por prestígio, mas o caminho para uma realização de um alcance maior ou mais expressivo no mindfulness segue por beber com honestidade da fonte de sua própria subjetividade, de sua própria interioridade, a qual só pode ser atingida com a prática, a qual, por sua vez, só tem presença em nossa vida com a participação física.

A dignidade é o atalho maior para a credibilidade, para a acreditação, e a dignidade nos faz sermos ouvidos naquilo que devemos compartilhar.

TRANSCENDÊNCIA, ESPIRITUALIDADE E HUMANIZAÇÃO

Robson compartilhou sua história num *inquiry*. Contou que no passado praticava uma arte marcial chinesa, Kung-Fu. Havia diversos aspectos em seu treino, com grande solicitação física, e durante os alongamentos de perna (que podiam ser bastante penosos), comentou de sua dolorosa rigidez com seu mestre. O mestre lhe sugeriu que quando se sentasse e a perna ficasse desconfortável ou doendo, que ele percebesse sua respiração. Na ausência de outro recurso disponível, ele experimentou então atentar para sua respiração, e, para sua grata surpresa, em instantes, suas pernas pareciam ser feitas de manteiga, tal a flexibilidade que surgiu a partir do uso do recurso.

Entusiasmado, perguntou ao mestre, que então lhe introduziu à meditação da respiração, e em pouco tempo, ele praticava em casa. De maneira autodidática, e em frequência errática, ele perseverava na prática sistemática daquilo que somente anos depois veio a conhecer como mindfulness. E contou que, sempre que praticava, mesmo com as limitações que narrava, terminava sua prática com um desejo ardente e espontâneo de compartilhar, de dividir sua existência. E o que o impressionava é que não era uma decisão lógica, cognitiva, nem um arroubo emocional, mas algo ainda mais amplo e consumidor, difícil de descrever em palavras. Mas seu testemunho foi que, ao praticar a atenção plena, percebia mudanças de atitude e de intenção para as quais não havia feito qualquer esforço ou tentativa: nem a elasticidade das pernas (na verdade, sua expectativa era de "controle da dor"), nem a transcendência solidária que se manifestava espontaneamente (ele tão-somente desejava, se possível, que outras pessoas pudessem experimentar essas mudanças "estando totalmente presentes").

O princípio geral que ele derivava de sua experiência, e que via como proveitosa à experiência dos demais, era que "quando algo acontece em mim durante ou depois da prática, e acontece à revelia do que eu esperava (por mais louvável que fosse minha expectativa), eu sei que algo da ordem da verdade havia se operado em mim". O efeito-verdade, do que foi testemunhado, é da mesma ordem da verdade interior: ele nos ultrapassa, vai além do que podemos imaginar acerca de nós mesmos.

O REAL

Quando algo frustra minha expectativa, é sinal de que estou diante do real. A realidade é uma ideia mais cultural, que vamos deixar de lado aqui. Segundo Jaspers, "Real é o que percebemos corporeamente", e ainda "Real é o que nos opõe resistência"[74]. Essa resistência não deve ser lida aqui como algo mal-vindo, uma instância cerceadora de nossa liberdade ou imaginação, mas simplesmente aquilo que advém da experiência física. Nossa limitação é da ordem do real. Nossas capacidades são da ordem do real. Nossas expectativas sobre nós mesmos podem ser imaginárias. O real oferece o entorno no qual nosso ser se emoldura, tanto corporeamente quanto (e principalmente) organicamente. Esse real é percebido na experiência física, e é o que circunscreve nosso campo de realidade. É o que nos previne do "Maya" ("ilusão", "devaneio") decorrente das máscaras e engodos que podemos nos oferecer quando habitamos demais o mundo das comparações e expectativas imaginárias[75]. Lembrando que nosso imaginário acerca de nós mesmos, operando sozinho, não conta com o recurso do real como freio e modulador.

*

HOMINIZAÇÃO E HUMANIZAÇÃO

A possibilidade da transcendência, ou seja, de expandir o escopo de minha consciência para além daquilo que eu tomo preliminarmente

---

[74] JASPERS, 1973.

[75] CAMPBELL, 2008.

como conhecido por mim em mim mesmo, é uma experiência comum a quem pratica o mindfulness. E para quem já tem algum tempo de prática, é experiência familiar perceber que o outro é quase uma "continuação" de mim, que há uma consciência que liga a percepção de minha presença com a presença de outras pessoas, ou outros estados de mundo[76]. Algo intelectualmente difícil de evidenciar ou comprovar (*gnosis*), mas experienciável e partilhável. A apropriação da cultura pela criança (e pelo adulto, posteriormente) se dá pela expressão e exemplo dos valores culturais tais como se dão no ambiente familiar, depois, no ambiente escolar, e por fim, até os confins do legado cultural recebido pela história e pela humanidade, e se dá de maneira singular, individual, até mesmo entre irmãos e parentes próximos. Essa apropriação, por sua vez, determina alguns padrões de reação emocional e cognitiva que pode ter durabilidade e consistência através da existência de cada um, que é o conceito mais intuitivo de personalidade, como aquilo que nos distingue, em nossa singularidade, das demais pessoas.

Mas é interessante lembrarmos que a personalidade, contrariamente ao que se constata por ocasião dos Transtornos de Personalidade (que são um desenvolvimento anômalo da personalidade, e são catalogados como transtornos psiquiátricos), a personalidade usual se caracteriza tanto por se adaptar e se amoldar às circunstâncias ambientais e novas, quanto pela certa constância de seus traços. Tal aparente paradoxo foi mais bem compreendido com o conceito (operacionalmente bastante próximo daqueles citados a propósito do hipocampo e da memória episódica) das assinaturas comportamentais, as quais, segundo alguns autores, derivam de unidades cognitivo-afetivas (CAUs), que se sedimentaram predominantemente na infância e adolescência, e que formariam "as representações do eu, das pessoas, das situações, crenças e expectativas, e estados emocionais, bem como memórias (...)"[77].

As assinaturas comportamentais, além de serem uma "marca", também têm a faculdade de ser modificadas nalgum nível, e essa modificação seria a adaptação da personalidade. Estas CAUs oferecem-se como uma útil ferramenta operacional para se organizar essa

[76] ECO, 1990.
[77] MISCHEL, 2004.

experiência de modificação, intituladas "mecanismos e competências autorreguladoras"[78].

A experiência do mindfulness nos mostra que a modificação de nossos padrões usuais de reação emocional e comportamental, e por consequência, as respostas que oferecemos às diferentes experiências (em especial as adversidades), pode ser acionada pela prática. Sem que façamos uma tentativa deliberada para isso, é comum constatarmos que após algum tempo, passamos a "operar em outra temperatura", sem, no entanto, perdermos a identidade de nosso ser (representações, crenças etc.). O mindfulness se configura num excelente treino para o que tem sido chamado de "autorregulação emocional". Há diversas estratégias e recursos para tal, mas a experiência da atenção plena tem as particularidades de:

1) Incluir a dimensão física como integrante imprescindível para essa regulação;
2) Prescindir da figura de alguém monitorando e sinalizando essa regulação, deixando ao praticante toda a experiência dessas mudanças – mudanças sem mestre.

Além dos pequenos matriciamentos de resposta emocional a eventos ambientais, outros esforços têm sido feitos no sentido de demarcar tanto a predisposição quanto a adaptabilidade do funcionamento mental, como a divisão da personalidade em dois componentes com algum grau de autonomia entre ambas[79]:

1) O temperamento, que é a porção que recebe maior carga genética e epigenética, e que guarda relação mais próxima com aspectos "biológicos" da personalidade. Há quatro dimensões (esquiva ao dano, busca por novidade, dependência a recompensa e perseverança), cuja relação com o mindfulness serão devidamente endereçadas;
2) O caráter, que é a parte que entra em jogo nas interações sociais, trocas e experiências mais complexas. Suas dimensões

---

[78] Idem.

[79] CLONINGER, 1999.

(autodirecionamento, cooperatividade e autotranscendência) acabam sendo fortalecidas e amplificadas, sem qualquer esforço operacional, mas de maneira espontânea, como um "subproduto" não-intencional mas extremamente bem-vindo do exercício e do cultivo proporcionados pelo mindfulness.

A HOMINIZAÇÃO

A *hominização* é um termo usado por diversos autores diferentes (Hobbs, Engels, paleontólogos, paleoantropólogos) para tentar rastrear o caminho que nos tornou o ser humano adulto contemporâneo. Esse esforço se deu tanto coletivamente, no entendimento de grupos e povos, quanto no âmbito individual. Aqui o termo será usado para descrever o longo caminho que todos trilhamos entre sermos um recém-nascido e atingir a idade de uma pretendida plenitude social, o percurso que atravessamos para dominar minimamente os códigos sociais (matemática, leitura, civismo, trabalho, igualdade, política, etc.). Neste processo, desenvolvemos a ideia do corpo, anteriormente descrita, e submetemos o organismo às conveniências sociais. O corpo também é reduzido à servidão. Quando esta submissão servil começa a "fazer água" e começamos a dar sinais de sobrecarga e desgaste (estresse), isso é sinal de que essa carga recai sobre o organismo, o qual é a nossa expressão mais clara e transparente. As tensões osteomusculares são o exemplo mais imediato, mas também podemos pensar na sobrecarga gástrica pela ansiedade, na sobrecarga cardiovascular pelas catecolaminas e cortisol, na exacerbação cutânea de processos eczematosos (alguns dos quais podem se tornar sistêmicos), sem falarmos nos prejuízos indiretos da alimentação, exposição solar, má higiene do sono, entre outros.

A HUMANIZAÇÃO

Romualdo havia perdido seu pai há 8 horas, no momento em que fazia sua reserva por telefone, uma vez que seu pai havia residido em outro Estado. Atordoado pela perda, telefonou e logo percebeu que não tinha os documentos necessários para a transação. Aliás, estava muito confuso e atrapalhado, o que contrastava com sua apresentação usual, bastante precisa e correta.

Como o procedimento estava um pouco arrastado, Romualdo decidiu avisar a moça que o atendia, pedindo-lhe desculpas pela confusão, pois acabara de receber a notícia da morte de seu pai. O tom da voz da atendente tornou-se mais afável, e ela passou a se mostrar paciente e solidária. Com isso tudo foi até mais rápido do que se ele tivesse continuado a se cobrar de ter a velocidade que considerava sua "velocidade normal".

Ao terminarem a transação e se despedirem, a moça (cujo nome ele sequer perguntou) transmitiu seus sentimentos de maneira extremamente sincera. Isso o marcou de tal maneira, que foi um elemento biográfico que ele apresentou como uma das inspirações para buscar o mindfulness, de quem sabe poder vir a ter a sensibilidade daquela sublime moça anônima. Esse é um exemplo vivo da dimensão humanizada se apresentando no ambiente hominizado: para além da permuta e da prestação de serviço, a espontaneidade solidária e criativa.

*

Seja qual foi a participação da hominização e da humanização na formação de nossas convicções e em nossa disposição emocional, a boa notícia é que esse sistema todo está vivo, portanto, em constante adaptação, e a celebração de "um caso de amor com a vida" permite a mobilização harmoniosa e construtiva de todo esse monumental jardim de diversas incidências e intensidades que formaram o que achamos de nós mesmos no mundo. Como vimos, neste sentido, o mindfulness surge no cenário ocidental como uma alternativa à indiferença com que progressivamente vamos nos tratando à medida que avançamos no processo de hominização de nossa experiência. Os pioneiros do mindfulness falam da migração de um estado de "ser-humano" para um "fazer-humano", e essa pode ser uma das consequências da hominização quando ela se dá com determinadas circunstâncias particularmente desfavoráveis ou traumáticas.

Vivemos num contexto em que somos competentíssimos em assimilar e administrar nossos deveres e obrigações profissionais, pessoais e amorosas (e as trapaças a isso), ou seja, dominamos a hominização, mas perdemos de vista a dimensão imprescindível de nossa presença em meio ao que fazemos. Esse "lembrar-se" de nossa presença é humanizador. Não há necessidade de mais conhecimento, ou de mais organização para que nossa vida se torne mais respirável e mais suportável para nós mesmos e para aqueles ao nosso redor. A hipótese de "déficit de informação", de que abusaríamos de nós mesmos porque faltou alguém que nos informasse a esse respeito é uma hipótese de pouca sustentabilidade, uma vez que o que parece causar os danos acima não é um *déficit de informação*, mas sim, um *déficit de motivação*. A metáfora das garrafas e sacos plásticos no mar são exemplares aqui. É difícil, é dificílimo supor que quem joga esse plástico no mar não tem informação de que isso é nocivo: é mais fácil supor que há um *déficit de motivação* para não jogar.

O déficit de motivação talvez seja o sinal mais contundente de que estamos vivendo excessivamente imersos no "fazer humano", e desatentos à nossa subjetividade, de onde brotam nossa singularidade e criatividade. Torna-se extremo nos quadros depressivos, mas é possível viver miseravelmente e desmotivado mesmo sem ter um transtorno de humor.

As estratégias contemporâneas de pacificação e redução de estresse, tais como o politicamente correto, ou a comunicação não-violenta, o apelo contínuo à tolerância, todas elas são evidências gritantes do fato de termos já atingido a hominização, mas nossas interações continuam sendo mais *inumanas* do que o mundo suporta.

HUMANIDADE, DESUMANIDADE E INUMANIDADE

Existe a figura da desumanidade, que é reprovada por todos e tudo, mas há uma sutileza geradora de estresse e mal-estar psicológico, e tem sido perdida de vista, que é a inumanidade. Somos reativos à desumanidade, por vezes até hiper-reativos às formas mais vis de desumanidade (racismo, aversão à pluralidade, escravidão), mas a hominização nos deixa completamente vulneráveis à inumanidade, que também cobra sua conta nas ocasiões em que nos tornamos desatentos a ela. Ligar para um telefone e ser atendido por um robô não é desumano, mas pode desanimar muito aquele que busca os serviços de uma empresa. Semelhantemente, no desempenho profissional, as frases decoradas, os tons de voz excessivamente treinados podem, naqueles que têm melhor sensibilidade social, ser motivo de desinteresse na conversa. Ambos os exemplos acima são de inumanidade, a qual pode ser tão nociva quanto a desumanidade, e certamente tão impessoal. Neste texto, tratamos a inumanidade como tudo aquilo que é gerado, executado e vivenciado no "piloto automático", desconsiderando a dimensão humana e viva que é indefectivelmente presente nos atos sociais e vida comum. Tem a característica nuclear de não gerar interesse genuíno no outro. Não está sendo movido pelo ódio, tampouco por qualquer movimento empático ou solidário, mas sim por uma frieza cadavérica, o qual pode se instalar por debaixo de um ambiente de etiqueta politicamente correta.

Neste sentido, as práticas de mindfulness surgem como uma estratégia de compensação, um movimento de báscula de volta da hominização para aquilo que seja talvez o estágio mais avançado de nossa evolução cultural, que é de reescrever continuamente aquilo que supomos já estar estabelecido em nosso ser e em nosso mundo.

Por meio da continuação deliberada da hominização do próprio organismo, o mindfulness acaba por produzir a humanização do corpo, e com a humanização do corpo, a possibilidade de formar laços sociais mais benevolentes e humanos. Trabalhar, cumprir deveres e submeter nossas necessidades às nossas obrigações, todos já sabemos fazer. Resta que o façamos de maneira humana, humanizando-nos, portanto.

O termo "espírito" sempre exige bastante cautela, para se evitar compreensões sectaristas ou ideológicas dentro do mindfulness aplicado à saúde. A definição mais simples e ao mesmo tempo mais eficaz para "espiritualidade" ou "espiritualizar-se" é a de algo "elevado e sublime", sem ligação necessária a quaisquer crenças, fé, ideologias ou misticismo[80]. Simplesmente como algo inerente ao ser humano e passível de cultivo e, portanto, de atrofia também. Neste sentido, de

---

[80] MARSIAJ, 2019.

um "sagrado da existência"[81], e não de um sobrenaturalismo, os termos se equivalem ao de Humanização e Humanismo.

Humanizar-se, ou espiritualizar-se, é tornar-se progressivamente consciente *(aware)* do fato de estar presente na vida do próximo.

Humanizar-se é, portanto, assim como a hominização foi e tem sido, um processo, ou, dito com dignidade, uma travessia. Não há um percurso pré-estabelecido, não há uma intenção imaginária, uma liturgia de iniciação ou um curriculum, apenas um caminhar sincero dentro de uma intenção que se renova momento a momento.

Tornar-se progressivamente, não por um dever de progredir, mas como a experiência assídua do praticante no exemplo acima, a experiência do desdobramento da experiência no presente momento se dando numa contínua renovação, que acaba produzindo o efeito de um crescimento, o qual é diferente do efeito de acumulação. Não há um "acúmulo" de percepção ou de responsabilidade, há um efeito de *manutenção pacificadora, de aquietação progressiva.* Tais experiências não precisam ser buscadas como se fossem o motor da prática, mas seriam como as placas de quilometragem das estradas, sempre anunciando o ponto da estrada em que se está, mas nunca determinando o caminho que o carro percorre. O praticante acima se deu conta das raízes de solidariedade que se encontravam próximas de sua respiração, e não a partir de alguma idealização de sua prática e de seus potenciais efeitos. Esse é o progresso do mindfulness, *progresso de sentido*, e não simplesmente *de expertise.*

Consciente. Um estar consciente (*being aware*) que tem base na responsabilidade. Tomar consciência é inerentemente um convite a posicionar-se perante o que se tornou consciente. *Quanto mais caro nos for o que se tornou consciente, mais amorosa será a responsabilidade a que somos chamados.*

O melhor exemplo da responsabilidade amorosa talvez seja o da criança em situação de perigo. Imaginemos – e aconteceu literalmente! – que num churrasco, numa tarde aprazível num sítio, quatro homens conversam. Todos já pais ou senão avós. O assunto é muito caro aos quatro, estão todos imersos em suas reflexões e debates. Nesse ínterim, uma criança, que não era filha nem neta de nenhum deles, vai para

---

[81] Idem.

uma sacada alta e começa a querer se embrenhar entre as barras da grade de proteção. Num gesto instantâneo, uma confluência imediata dos tais debatedores para a criança, num esforço de evitar um desastre. O debate caiu totalmente fora de interesse, numa fração de segundo.

Sem qualquer dever, sem qualquer culpabilização na eventualidade de uma tragédia, e mesmo distraídos por outros estímulos (todos eram engajados no assunto, a conversa estava acalorada), todos os quatro mostraram que se responsabilizavam pela criança ali. Essa é nossa responsabilidade que surge quando nos humanizamos. A responsabilidade daquilo que está vivo (nós, a partir de nosso organismo) para com aquilo que também está vivo.

Se é fato que "a respiração sabe respirar", como se diz quando se está instruindo a prática em grupos, talvez a característica mais marcante da vida é que "a vida cuida da vida". As plantas cuidam da vida fazendo fotossíntese, nós cuidamos da vida e confirmamos isso através do mindfulness, e cuidamos da vida que está em outros organismos e seres.

Outro aspecto da responsabilidade tal como a entendemos a partir do mindfulness é que aqui ela se refere ao quanto eu posso dizer que minha participação foi e é importante em minha própria trajetória. São meus gestos e minhas atitudes que traçam meu destino, foi minha fala, e não uma atitude de delegar às circunstâncias, às pessoas, ou ao firmamento, a autoria de minha caminhada. A responsabilização pessoal e interpessoal passa longe da culpabilidade, da responsabilidade jurídica . Aqui nossa responsabilização navega sem dever nem culpa, é uma moeda amorosa, mas nem por isso, menos eficaz do que os recursos que amiúde ouvimos ser eficazes.

Existir aqui assume a característica emprestada do organismo (de uma consistência própria, que resiste e testemunha contra a ruminação mental), e segue o sentido mais imediato possível, o mais cotidiano imaginável. Não participa do debate filosófico do existencialismo sartreano, nem da existencialidade heideggeriana, mas apenas do existir como um "estar presente", no sentido da presença plena, do momento da presença, do presente momento, o único momento que pode "mover os moinhos".

Para o outro. Notar bem que "o próximo" não é necessariamente "o semelhante". Uma vez que o mindfulness navega pela subjetividade e singularidade, não seria interessante buscarmos apenas o semelhante, apenas aquele com quem conseguimos nos identificar, estabelecer uma *filia*. Os amigos são essenciais, mas não é disso que se trata aqui. Alguém norteado pela singularidade não encontra muitos "semelhantes", ele se realiza e faz seus laços sociais mais a partir da "dessemelhança" do que pela "semelhança". Aqui simplesmente o que está próximo, ao alcance do braço. A comunicação que se dá na proximidade, o gesto sem qualquer conotação épica ou extática. O próximo pode até ser um semelhante, mas também pode, com uma expansão da experiência de habitar o presente momento, estender-se a uma comunidade, ou uma ideia, ou a uma planta e animal, em uma palavra: para qualquer estado de mundo[82] (22), qualquer configuração de vivência na qual eu me vejo fazendo parte. Minhas emoções, minhas aspirações, minha experiência, ou as emoções, aspirações e experiência de alguém ou algo próximo de mim. O próximo é tudo que é possível abraçar amorosamente com a atenção plena, seja material e tangível, ou imaterial e intangível. À primeira vista, parece pouco, mas é suficientemente amplo para englobar todas as dimensões de minha presença, e inspirar a prática de uma vida inteira.

[82] ECO,1990.

REFERÊNCIAS

ALVES, Rubem. *Conversas com quem gosta de ensinar.* Ed. 7. Campinas: Papirus. 2004.

BISHOP, SR, LAU, M, SHAPIRO, S, CARLSON, L, ANDERSON, ND, CARMODY J, Segal ZV, ABEY, S, SPECA M, VELTING D, DEVINS G. "Mindfulness: A proposed operational definition" In: *Clinical Psychology: Science and Practice.* 2004. Disponível em: <https://onlinelibrary.wiley.com/doi/abs/10.1093/clipsy.bph077> Acesso em: 24 de julho de 2021.

BLACKLEDGE J. *Disrupting verbal proclesses: Cognitive defusion in acceptance and commitment therapy and other mindfulness-based psychotherapies.* Nova York:The psychological Record. 2007.

BODHI, Bhikkhu. "What does mindfulness really mean? A canonical perspective". IN *Contemporary Buddhism,* v. 12, n. 1, p. 19-39, 2011. Disponível em: < https://www.tandfonline.com/doi/abs/10.1080/14639947.2011.564813>. Acessado em: 24 de Jul. 2021.

BREWIN, CR. "Episodic memory, perceptual memory, and their interaction: foundations for a theory of posttraumatic stress disorder". *Psychological Bulletin.* 2014.

CAMPBELL J. *As Máscaras de Deus – Mitologia Oriental.* São Paulo: Palas Atena Editora, 2008.

CLONINGER, CR. *Personality and Psychopathology.* Washington: American Psychiatric Press, 1999.

CRANE, R. S. et al. "What defines mindfulness-based programs? The warp and the weft". *Psychological medicine,* v. 47, n. 6, p. 990-999, 2017.

DO, T. "The Quest for Enlightenment and Cultural Identity: Buddhism in Contemporary Vietnam". In: *Buddhism and Politics in Twentieth Century Asia. London and New York: Continuum,* 1999.

ECO U. *Os Limites da Interpretação.* São Paulo: Editora Perspectiva S/A. 1990.

EPSTEIN, R. Mindful Practice in Action (I): Technical Competence, Evidence-Based Medicine, and Relationship-Centered Care. *Families, Systems & Health,* Vol 21, No. 1, 2003, FSH, Inc.

HANH, TN. *The sun my heart: Reflections on mindfulness, concentration, and insight*. Berkeley: Parallax Press; 2006.

HARARI, Yuval Noah. *Homo Deus: uma breve história do amanhã*. São Paulo: Editora Companhia das Letras, 2016.

HAYES-SKELTON, SA, GRAHAM JR. *Decentering as a Common Link among mindfulness, Cognitive Reappraisal, and Social Anxiety. Behav Cogn Psychother*. 2013.

HUMPHREYS C. *Zen Buddhism*. Portsmouth: Heinemann; 1949.

JASPERS K. *Psicopatologia Geral*. Vol I. São Paulo:Livraria Atheneu, 1973.

KABAT-ZINN J. "Mindfulness-Based Interventions in Context: Past, Present, and Future". *Clinical Psychology: Science and practice*. Vol 10, n2, 2003. Disponível em: < https://onlinelibrary.wiley.com/doi/full/10.1093/clipsy.bpg016> Acesso em: 24 de julho de 2021

KATHRI, N., NG HA. "The role of intuition in strategic decision making" In: *Human Relations*, Vol. 53(I): 57-86: 010551. 2000. Disponível em: < https://journals.sagepub.com/doi/abs/10.1177/0018726700531004>. Acesso em: 24 de Julho de 2021.

MARSIAJ, EI. *Atenção Plena e Visão Ampla – Meditar e Transformar*. São Paulo: Editora Labrador. 2019

MARSIAJ, EI. Atenção Plena e Visão Ampliada – Meditar e Transformar. Ed. Labrador 2019

MEDINA, WL., WILSON, D., DE SALVO, V., VANNUCHI, B., SOUZA, EL.; LUCENA, L, SARTO, EM., MODREGO-ALARCÓN M., CAMPAYO, JG., DEMARZO MP. "Mindfulness on Diabetes Mellitus: Rationale and Overview" In: *Curr Diabetes Rev*. 2017. Disponível em: < https://pubmed.ncbi.nlm.nih.gov/27280721/> . Acesso em: 24 de julho de 2021.

MISCHEL W. *Toward an Integrativa Science of the Person*. Annu. Ver. Psychol. 2004.

MURGATROYD, Chris, e SPENGLER, Dietmar . "Epigenetic programming of the HPA axis: early life decides."2011. Disponível em < https://www.tandfonline.com/doi/abs/10.3109/10253890.2011.602146?journalCode=ists20 > Acesso em: 24 de julho de 2021.

PAIM, Isaías. *Curso de psicopatologia*. 11. ed. São Paulo: Ed. Pedagógica e Universitária, 1993

PRIETULA, MJ., SIMON, HA. *The experts in your midst*. Massachusetts: Harvard Business Publishing, 1989.

RICARD, M. *El arte de la meditación:¿ Por qué meditar?,¿ Sobre qué?,¿ Cómo?* Barcelona: Ediciones Urano; 2009.

ROEMER L., ORSILLO SM. *A prática da terapia cognitivo-comportamental baseada em mindfulness e a aceitação*. São Paulo: ARTMED Editora. 2009.

ROTHBAUM, F, WEISZ, JR. "Changing the Worl and Changing the Self: A Two-Process Model of Perceived Control" In: *Journal of Personality and Social Psychology. Vol. 42, No. 1, 5-37,* 1982. Disponível em: <https://psycnet.apa.org/record/1982-23598-001>. Acesso em: 24 de julho de 2021.

SHULZ, JH. *O Treinamento Autógeno.* São Paulo: Editora Mestre Jou. 1967

SUZUKI, S. *Zen mind, beginner's mind.* Boulder: Shambhala Publications; 2020.

TULVING, E. *Episodic* memory: from mind to brain. Annu Rev Psychol. 2002.

VALAS, P. "Horizontes da Psicossomática". In: WARTEL, R. *Psicossomática e psicanálise.* São Paulo: Zahar. 1996

WHITE R. "Motivation Reconsidered: the Concept of Competence". In:. *Psychological Review,* Vol 66, No 5, 297-333, 1959. Disponível em:< https://pubmed.ncbi.nlm.nih.gov/13844397/>. Acesso em: 24 de julho de 2021.

WILSON, D. e SCALCO MZ. *Ocupação e Saúde Mental.* In: MEDINA, Cremilda, and Milton GRECO. *Sobre vivências: no mundo do trabalho. São Paulo, ECA/USP* (1995).

WILSON, D. mindfulness. In: Psiquiatria: Estudos Fundamentais. Pags 423-429. 2018. Guanabara-Koogan.